Varia / Feltrinelli

GIANRICO
CAROFIGLIO

La nuova manomissione delle parole

A cura di Margherita Losacco

Feltrinelli

Prima edizione in "Varia" novembre 2021

Stampa Grafica Veneta S.p.A. di Trebaseleghe - PD

ISBN 978-88-07-49306-5

Rimandi e commenti alle opere citate nel testo sono contenuti nella sezione bibliografica alla fine del volume.

La nuova manomissione delle parole

Le fiabe non dicono ai bambini che esistono i draghi: i bambini già sanno che esistono. Le fiabe dicono ai bambini che i draghi possono essere sconfitti.

G.K. CHESTERTON

Introduzione alla seconda edizione

Questo libro è apparso, nella sua prima edizione, undici anni fa. Era un'altra epoca e, allo stesso tempo, era l'inizio di questa epoca della politica italiana ed europea.

Per introdurre la nuova edizione occorre dire in modo esplicito qualcosa che nella prima era sottinteso anche se, probabilmente, fu molto chiaro a tutti: questo libro è innanzitutto un atto politico. Lo era nella prima edizione, che, nel 2010, analizzava il linguaggio del presente, il linguaggio della resistibile ascesa di Berlusconi e della sua imprevista, ma non imprevedibile, longevità politica. Lo è in questa nuova edizione, nel 2021, ora che quel linguaggio è divenuto la premessa, se non il paradigma, di nuove distorsioni, di nuove manomissioni, di nuovi e più gravi svuotamenti di senso del lessico e del dibattito politico. Dunque, di un ulteriore indebolimento della qualità della vita democratica.

Questa *Nuova manomissione* è, di fatto, il libro precedente. Esso è stato sottoposto, in qualche passaggio, a un processo di ristrutturazione, per renderlo utile a decifrare il presente senza smarrire il senso di una collocazione storica.

Ho scelto di aggiornare il testo, mantenendone integro l'impianto originario, eliminando i passaggi legati a un'attualità ormai superata, inserendo riferimenti a quanto accaduto in questi anni, alle nuove torsioni della lingua prodotte dall'avanzata populista che – com'è ovvio – è fenomeno politico ma anche antropologico, culturale. Quest'ultimo mi sembrava, all'inizio, l'intervento più difficile, perché avrebbe potuto alterare l'equilibrio dei concetti, modificare il senso delle argomentazioni. In realtà è stato del tutto naturale individuare i nessi fra il passato e il presente, fra il linguaggio politico e civile di undici anni fa e quello di oggi.

Il libro è lo stesso, dunque. Ma è anche, a un tempo, nuovo. Per via degli innesti, per lo sforzo di storicizzare ciò che al momento della prima uscita era attualità incandescente, per l'aggiunta di un nuovo capitolo. Abbiamo discusso a lungo su quale fosse la sede più adatta per questo nuovo capitolo, in cui si riflette sul concetto di popolo e sul rapporto fra verità e discorso politico. Meglio all'inizio, quasi come una lunga introduzione che fornisse una chiave del presente per leggere quello che era stato scritto oltre dieci anni prima? Meglio alla fine (ma prima dell'epilogo), a segnare la continuità del discorso, il suo naturale sviluppo nel tempo?

La seconda soluzione ci è parsa più coerente con il senso dell'operazione, più adatta a tenere in equilibrio l'identità originaria del testo con la novità delle integrazioni e delle aggiunte.

Resta quello che ho detto all'inizio: il libro è un atto politico, una scelta di campo, una scommessa sulla possibilità di distinguere la buona dalla cattiva politica. Non solo con lo scrutinio delle scelte e dei comportamenti, ma anche – forse soprattutto – attraverso una riflessione sul linguaggio e sul nesso fra parole, verità e democrazia.

Introduzione alla prima edizione

Autocitarsi è un'operazione piuttosto inelegante, che di regola andrebbe evitata.

In questo caso, però, la citazione del brano che segue, tratto dal mio romanzo *Ragionevoli dubbi*, è davvero indispensabile per spiegare la genesi di questo volume e il suo stesso titolo.

> A quell'ora – erano le undici – avrei trovato un solo posto dove comprare libri e fare anche due chiacchiere. L'Osteria del caffellatte, che nonostante il nome è una libreria.
>
> Apre la sera alle dieci e chiude la mattina alle sei. Il libraio – Ottavio – è un ex professore di liceo con l'insonnia cronica. Aveva tenacemente detestato il suo lavoro di professore per tutti gli anni in cui era stato costretto a farlo. Poi una vecchia zia, senza figli, senza altri parenti, gli aveva lasciato soldi e un piccolissimo palazzo in pieno centro. Pian terreno e due appartamenti, uno sull'altro. L'occasione della sua vita, presa al volo e senza esitazione. Era andato ad abitare al secondo piano. Al pian terreno e al primo piano ci aveva fatto una libreria. Siccome di notte non poteva dormire si era inventato quell'orario. Assurdo, avevano detto in molti, e invece aveva funzionato.
>
> C'è gente a tutte le ore, all'Osteria del caffellatte. Non molta, ma a tutte le ore. Tipi strani, ovviamente, ma anche, soprattutto tipi normali. Che poi sono i più strani di tutti se li trovi a comprare libri alle quattro del mattino.
>
> Ci sono tre tavolini e un piccolo banco da bar. Se ne hai voglia puoi

bere qualcosa o mangiare una fetta delle torte che Ottavio prepara nel pomeriggio, prima di aprire. La mattina presto puoi fare colazione con le stesse torte e il caffellatte. Se ti trovi in libreria al momento della chiusura, lui ti regala la torta avanzata, ti dice ci vediamo domani, chiude e poi, davanti all'ingresso, si fuma l'unica sigaretta della giornata. Dopo va a farsi un giro per la città che riprende vita e quando gli altri cominciano a lavorare lui se ne va a dormire, perché di giorno ci riesce.

In libreria c'erano tre ragazze che si stavano raccontando qualcosa di divertente. Feci caso al fatto che ogni tanto guardavano verso di me, e poi ridevano più forte. Ecco, pensai. La mia parabola è conclusa. Sono un uomo ridicolo. Anzi, a pensarci meglio, sono un paranoico terminale.

Il libraio era seduto a uno dei tavolini del minuscolo bar e leggeva. Quando si accorse del mio ingresso mi salutò con la mano e poi tornò a leggere. Io cominciai a girare fra banchi e scaffali.

Presi tra le mani *L'uomo senza qualità*, lo sfogliai, ne lessi qualche pagina, lo rimisi a posto. È una cosa che faccio da molti anni. Da sempre, in realtà. Con Musil e soprattutto con l'*Ulisse* di Joyce.

Ogni volta mi confronto con la mia ignoranza e penso che dovrei leggere questi libri. Ogni volta non mi riesce nemmeno di comprarli. Credo che non conoscerò mai direttamente le avventure – diciamo così – del giovane Dedalus, del signor Bloom, di Ulrich. Me ne sono fatta una ragione, ma in libreria continuo a sfogliare quei volumi, così, come in una sorta di rituale dell'imperfezione. La mia.

Continuando a gironzolare fui attirato da una bella copertina con un bellissimo titolo. *Notti nei giardini di Brooklyn*. Non conoscevo né l'autore – Harvey Swados – né l'editore – Bookever. Lessi qualche rigo della prefazione di Grace Paley, mi convinse e lo presi.

Entrò un giovane poliziotto. Si diresse da Ottavio, gli chiese qualcosa. Fuori lo aspettava, parcheggiata in doppia fila, una volante.

Adocchiai un libro dal titolo *Nulla succede per caso*. Decisi che faceva al caso mio – qualunque fosse, il caso mio – e presi anche quello. Il poliziotto uscì con un libro in un sacchetto, di quelli che si trovano solo nella libreria di Ottavio. Da una parte c'è il disegno di una tazza da caffellatte fumante, azzurra e senza manici, con il nome della libreria. Dall'altra, stampate sulla plastica, una pagina di romanzo, una poesia, una citazione da un saggio. Cose che piacciono al libraio e che lui vuole consigliare ai suoi notturni clienti.

Mi sentivo già molto meglio. Le librerie mi fanno da ansiolitico e anche da antidepressivo. Le ragazze erano uscite senza che me ne accorgessi. Adesso eravamo soli, Ottavio e io. Mi avvicinai.
"Ciao, Guido. Come te la passi?"
"Alla grande, me la passo. Cosa ha comprato il poliziotto?"
"Non ci crederai."
"Tu dimmelo."
"*Poesia ininterrotta*."
"Éluard?" chiesi stupito.
"Già. Sarai uno dei tre o quattro avvocati nel mondo a conoscere questo libro. E lui, l'unico poliziotto."
"Non farà carriera."
"Credo anch'io. Cosa hai preso, tu?"
Gli mostrai i libri che avevo scelto e lui approvò. Swados, soprattutto.
"E tu cosa stai leggendo?"
Il libro che aveva in mano era piccolo, con la copertina color crema, di un'altra casa editrice sconosciuta: Edizioni dell'Orto Botanico.
Me lo porse. Si intitolava: *La manomissione delle parole*; sottotitolo: *Appunti per un seminario sulla scrittura*. Nessun nome di autore in copertina.
Lo sfogliai e ne lessi alcune frasi.

Le nostre parole sono spesso prive di significato. Ciò accade perché le abbiamo consumate, estenuate, svuotate con un uso eccessivo e soprattutto inconsapevole. Le abbiamo rese bozzoli vuoti. Per raccontare, dobbiamo rigenerare le nostre parole. Dobbiamo restituire loro senso, consistenza, colore, suono, odore. E per fare questo dobbiamo farle a pezzi e poi ricostruirle.
Nei nostri seminari chiamiamo "manomissione" questa operazione di rottura e ricostruzione. La parola manomissione ha due significati, in apparenza molto diversi. Nel primo significato essa è sinonimo di alterazione, violazione, danneggiamento. Nel secondo, che discende direttamente dall'antico diritto romano (manomissione era la cerimonia con cui uno schiavo veniva liberato), essa è sinonimo di liberazione, riscatto, emancipazione.
La manomissione delle parole include entrambi questi significati. Noi facciamo a pezzi le parole (le manomettiamo, nel senso di alterarle, violarle) e poi le rimontiamo (le manomettiamo nel senso di liberarle dai vincoli delle convenzioni verbali e dei non significati).

Solo dopo la manomissione, possiamo usare le nostre parole per raccontare storie.

"Hai solo questa copia?"
"Sì, ma puoi prenderla, se vuoi. Perché ti interessa?"

* * *

Guido Guerrieri prende quella copia, ma non risponde alla domanda del suo amico Ottavio. Si può supporre, però, che i motivi per cui quel libro gli interessa siano gli stessi per cui *questo* libro è stato scritto ed è stato dotato del medesimo titolo.

In realtà, il volume che Guerrieri scopre e sfoglia nell'Osteria del caffellatte non esiste. Non esistono le Edizioni dell'Orto Botanico e nemmeno i seminari sulla scrittura cui allude il sottotitolo. È questa la risposta che ho dovuto dare ai lettori, prima incuriositi e poi delusi, che mi chiedevano come procurarsi quel volume, non trovandone traccia nelle librerie.

Me lo hanno chiesto così tante volte che a un certo punto, finalmente, ho afferrato il messaggio. Se quel libro non esisteva ma molti avevano voglia di leggerlo, allora c'era una sola cosa da fare: scriverlo, semplicemente.

Anche perché, con ogni probabilità, quel libro era comparso nel romanzo e sugli scaffali della libreria di Ottavio (anch'essa del tutto inventata) per un bisogno intenso, complesso e – almeno allora – non del tutto chiaro allo stesso autore.

È invece molto più chiaro adesso che questo libro esiste davvero, e non solo sugli scaffali di una libreria immaginaria. E del resto è perfettamente normale, anzi direi sano, che un autore capisca per quale motivo aveva bisogno di scrivere un libro – saggio o romanzo che sia, con tutte le declinazioni intermedie fra le due categorie – solo dopo averlo scritto e riletto.

Mi ha sempre affascinato l'idea che le parole – cariche di significato e dunque di forza – nascondano in sé un potere diverso e superiore rispetto a quello di comunicare, trasmettere messaggi, raccontare storie. L'idea, cioè, che abbiano il potere di produrre trasformazioni, che possano essere, letteralmente, lo strumento per cambiare il mondo.

Spesso, tuttavia, le nostre parole hanno perso significato perché le abbiamo consumate con usi impropri, eccessivi o anche solo inconsapevoli, come diceva con chiarezza l'anonimo autore del libro pubblicato dalle Edizioni dell'Orto Botanico.

Il poeta greco Ghiannis Ritsos ha detto che le parole sono come "vecchie prostitute che tutti usano, spesso male": e al poeta tocca restituire loro la verginità.

È necessario un lavoro da artigiani per restituire verginità, senso, dignità e vita alle parole. È necessario smontarle e controllare cosa non funziona, cosa si è rotto, cosa ha trasformato meccanismi delicati e vitali in materiali inerti. E dopo bisogna montarle di nuovo, per ripensarle, finalmente libere dalle convenzioni verbali e dai non significati.

Come le metafore, studiate da George Lakoff, così le parole smontate e rimontate possono "darci una nuova comprensione della nostra esperienza": possono dare un senso nuovo al nostro passato, al presente e al futuro, a quello che sappiamo, che crediamo e che vorremmo. Come singoli e come collettività solidali.

La ragione di questo libro – a un tempo politica, letteraria ed etica – consiste nell'esigenza di trovare dei modi per dare senso alle parole: e, dunque, per cercare di dare senso alle cose, ai rapporti fra le persone, alla politica intesa come categoria nobile dell'agire collettivo.

(2010)

1.
Quante parole, quali parole

Gustavo Zagrebelsky ha detto: "Il numero di parole conosciute e usate è direttamente proporzionale al grado di sviluppo della democrazia e dell'uguaglianza delle possibilità. Poche parole e poche idee, poche possibilità e poca democrazia; più sono le parole che si conoscono, più ricca è la discussione politica e, con essa, la vita democratica".

Nel suo ideale decalogo dell'etica democratica egli ha incluso la fede in qualcosa, la cura delle personalità individuali, lo spirito del dialogo, il senso dell'uguaglianza, l'apertura nei confronti della diversità, la diffidenza verso le decisioni irrevocabili, l'atteggiamento sperimentale, la responsabilità dell'essere maggioranza e minoranza, l'atteggiamento altruistico; e, a concludere il decalogo, la *cura delle parole*.

In nessun altro sistema di governo le parole sono importanti come in democrazia: la democrazia è discussione, è ragionamento comune, si fonda sulla circolazione delle opinioni e delle convinzioni. E – osserva Zagrebelsky – lo strumento privilegiato di questa circolazione sono le parole.

Il rapporto fra ricchezza delle parole e ricchezza di possibilità (e dunque di democrazia) è dimostrato anche dalla ricerca scientifica, medica e criminologica: i ragazzi più violenti possiedono strumenti linguistici scarsi e inefficaci, sul piano del lessico, della grammatica e della sintassi. Non sono capaci di gestire una conversazione, non riescono a modulare lo stile della comunicazione – il tono, il lessico, l'andamento – in base agli interlocutori e al contesto, non fanno uso dell'ironia e della metafora. Non sanno sentire, non sanno nominare le proprie emozioni. Spesso, non sanno raccontare storie. Mancano della necessaria coerenza logica, non hanno abilità narrativa: una carenza che può produrre conseguenze tragiche nel rapporto con l'autorità, quando è indispensabile raccontare, descrivere, dare conto delle ragioni, della successione, della dinamica di un evento.

La povertà della comunicazione, insomma, si traduce in povertà dell'intelligenza, in doloroso soffocamento delle emozioni.

Questo vale a tutti i livelli della gerarchia sociale, ma soprattutto ai gradi più bassi. Quando, per ragioni sociali, economiche, familiari, non si dispone di adeguati strumenti linguistici; quando le parole fanno paura, e più di tutte proprio le parole che dicono la paura, la fragilità, la differenza, la tristezza; quando manca la capacità di nominare le cose e le emozioni, manca un meccanismo fondamentale di controllo sulla realtà e su se stessi.

La violenza incontrollata è uno degli esiti possibili, se non probabili, di questa carenza. I ragazzi sprovvisti delle parole per dire i loro sentimenti di tristezza, di rabbia, di frustrazione hanno un solo modo per liberarli e liberarsi di sofferenze a volte insopportabili: la violenza fisica. Chi non ha i nomi per la sofferenza la agisce, la esprime volgendola in violenza, con esiti spesso drammatici.

Nelle scienze cognitive questo fenomeno – la mancanza di parole, e dunque di idee e modelli di interpretazione della realtà, esteriore e interiore – è chiamato ipocognizione. Si tratta di un concetto elaborato a seguito degli studi condotti negli anni cinquanta dall'antropologo Bob Levy. Nel tentativo di individuare la ragione dell'altissimo numero di suicidi registrati a Tahiti, Levy scoprì che i tahitiani avevano le parole per indicare il dolore fisico ma non quello psichico. Non possedevano il concetto di dolore spirituale, e pertanto quando lo provavano non erano in grado di identificarlo. La conseguenza di questa incapacità, nei casi di sofferenze intense e (per loro) incomprensibili, era spesso il drammatico cortocircuito che portava al suicidio.

"I *limiti del mio linguaggio* significano i limiti del mio mondo" ha scritto Ludwig Wittgenstein: la caduta del linguaggio – si può arrivare a dire – è la caduta dell'uomo.

Nella *Città di vetro* di Paul Auster, Daniel Quinn va nella biblioteca della Columbia University e legge il libro di Peter Stillman padre, *Il Giardino e la Torre*:

> Nel paradiso terrestre il solo compito di Adamo era stato inventare il linguaggio, dare il proprio nome a ogni oggetto e creatura. In tale condizione d'innocenza, la lingua era penetrata direttamente nel vivo del mondo. Le parole non si erano semplicemente applicate alle cose che vedeva: ne avevano svelato le essenze, le avevano letteralmente vivificate. La cosa e il nome erano intercambiabili. Dopo la caduta, questo non valeva più. I nomi cominciarono a staccarsi dalle cose; le parole degenerarono in un ammasso di segni arbitrari; il linguaggio era disgiunto da Dio. Dunque la storia del Giardino non ricorda soltanto la caduta dell'uomo, ma quella del linguaggio. [...] Se la caduta dell'uomo implicava anche una caduta del linguaggio, non era logico presumere che si sarebbe potuta ribaltare la caduta stessa, e capovolgerne gli effetti, se si ribaltava la caduta del linguaggio, impegnandosi a ricreare quello parlato nell'Eden? Se l'uomo fosse riuscito ad apprendere la lingua originale dell'innocenza, non ne conseguiva che in quel modo, dentro di sé, si sarebbe riappropriato di tutta una condizione d'innocenza?

L'abbondanza, la ricchezza delle parole è dunque una condizione del dominio sul reale: e diventa, inevitabilmente, strumento del potere politico. Per questo – argomenta Zagrebelsky – è necessario che la conoscenza, il possesso delle parole siano esenti da discriminazioni, e garantiti da una scuola veramente uguale per tutti.

Ma il *numero* delle parole conosciute non ne esaurisce lo straordinario potere sugli uomini e sulle cose. Un ulteriore segnale del grado di sviluppo di una democrazia e, in generale, della qualità della vita pubblica si può desumere dalla *qualità* delle parole: dal loro stato di salute, da come sono utilizzate, da quello che riescono a significare.

Tutti possiamo verificare, ogni giorno, che lo stato di salute delle parole è quanto meno preoccupante, la loro capacità di indicare con precisione cose e idee gravemente menomata.

Le parole devono – dovrebbero – aderire alle cose, rispettarne la natura. Scrive T.S. Eliot nel quinto tempo dell'ultimo dei *Quattro quartetti*:

> [...] E ogni frase
> e sentenza che sia giusta (dove
> ogni parola è a casa, e prende il suo posto
> per sorreggere le altre, la parola
> non diffidente né ostentante, agevolmente
> partecipe del vecchio e del nuovo, la comune
> parola esatta senza volgarità, la formale
> parola precisa ma non pedante
> perfetta consorte unita in una danza) [...]

Socrate, negli ultimi istanti della sua vita, raccomanda a Critone: "Tu sai bene che il parlare scorretto non solo è cosa per sé sconveniente, ma fa male anche alle anime". E tuttavia il "parlare scorretto", la progressiva perdita di aderenza delle parole ai concetti e alle cose, è un fenomeno sempre più diffuso, in forme ora nascoste e sottili, ora palesi e drammaticamente visibili.

2.

Fare le cose con le parole

Sembra oggi concretizzarsi l'inquietante fenomeno che Humpty Dumpty illustra ad Alice in un passo celebre, e caro ai filosofi del linguaggio, di *Attraverso lo specchio*.

> "Quando *io* uso una parola," disse Humpty Dumpty in tono alquanto sprezzante, "questa significa esattamente quello che decido io… né più né meno."
> "Bisogna vedere," disse Alice, "se lei *può* dare tanti significati diversi alle parole."
> "Bisogna vedere," disse Humpty Dumpty, "chi è che comanda… è tutto qua."

Quando si ha a che fare con le parole – dice l'uovo amico di Alice – una cosa sola importa: chi comanda, chi è il padrone. E questo è tutto.

Eppure, come ricorda la Regina Rossa qualche capitolo più avanti, "una volta detta una cosa, è fatta, e devi accettarne le conseguenze".

Le parole sono anche atti, dei quali è necessario fronteggiare le conseguenze. Esse sembrano non avere peso e consistenza, sembrano entità volatili, ma sono in realtà meccanismi complessi e potenti, il cui uso genera effetti e implica (dovrebbe implicare) responsabilità. Le parole *fanno* le cose, come suggerisce, fin dal titolo, un libro fortunato del linguista John L. Austin.

Proprio perché le parole creano la realtà, fanno – e disfano – le cose, è importante avere lucida consapevolezza dei sistemi che ne determinano il funzionamento, delle ragioni che ne producono il deterioramento.

In un saggio del 1946 su *La politica e la lingua inglese*, George Orwell si ribellava all'uso di un linguaggio sempre più vuoto, fatto di similitudini fiacche e di metafore stantie: e, nell'elencare semplici, essenziali norme di buona scrittura – e dunque di buon pensiero – mostrava come combattere contro il cattivo linguaggio significhi, anche, opporsi al declino della civiltà.

"L'inglese moderno, soprattutto l'inglese scritto, è pieno di cattive abitudini che si diffondono per imitazione e possono essere evitate se ci si prende il disturbo di farlo. Se ci si libera di queste abitudini si può pensare con più chiarezza e pensare con chiarezza è un primo necessario passo verso il rinnovamento della politica: perciò la lotta contro il cattivo inglese non è una frivolezza né preoccupazione esclusiva di chi scrive per professione."

Oltre la sciatteria, la banalizzazione, l'uso meccanico della lingua, esiste però un fenomeno più grave, inquietante e pericoloso: un processo patologico di vera e propria conversione del linguaggio all'ideologia dominante. Un processo che si realizza attraverso l'occupazione della lingua, la manipolazione e l'abusivo impossessamento di parole chiave del lessico politico e civile.

È un fenomeno riscontrabile nei media, nella produzione letteraria e, soprattutto, nella vita civile e politica, sempre più segnata da stilemi e contenuti che richiamano alla mente le pagine di Orwell.

Nel romanzo *1984* il regime di Oceania non solo altera la verità della storia, ma anche il linguaggio con cui l'individuo esprime il suo pensiero. E lo fa attraverso la creazione della Neolingua.

"Fine della Neolingua [...] era [...] soprattutto quello di rendere impossibile ogni altra forma di pensiero. [...] a parte la soppressione di parole di carattere palesemente eretico, la riduzione del vocabolario era considerata fine a se stessa, e di nessuna parola di cui si potesse fare a meno era ulteriormente tollerata l'esistenza. La Neolingua era intesa non a estendere, ma a *diminuire* le possibilità del pensiero; si veniva incontro a questo fine appunto, indirettamente, col ridurre al minimo la scelta delle parole. [...] Ogni riduzione rappresentava una conquista, perché più piccolo era il campo della scelta e più limitata era la tentazione di lasciar spaziare il proprio pensiero."

Nella Neolingua il numero delle parole viene ridotto al minimo e ogni parola residua viene limitata a un unico possibile significato.

L'abbondanza di parole e la molteplicità di significati sono strumenti del pensiero, ne accrescono la potenza e la capacità critica: parallelamente, la ricchezza del pensiero richiede, e anzi esige, ricchezza di linguaggio. Il progressivo contrarsi del linguaggio, in Oceania e in altri luoghi meno immaginari, ha per effetto prima l'impoverimento, poi una vera e propria inibizione del pensiero.

È paradossale che *1984* di Orwell sia uno dei libri più citati dalla destra italiana e straniera, usato per dire tutto e il contrario di tutto. È il pericolo delle citazioni estraniate dal loro contesto, adattabili a un riuso potenzialmente infinito dal punto di vista del senso, come in uno scombinato collage. Orwell, fiero nemico di tutti i fascismi, viene usato in difesa di una presunta e malintesa libertà da una politica che non rinnega le sue origini e le sue amicizie illiberali.

Le parole *fanno* le cose, diceva Austin. L'affermazione può avere un significato duplice. Le parole fanno le cose in primo luogo quando hanno valore performativo, cioè esecutivo, e dunque generano direttamente effetti nel mondo materiale e delle relazioni umane. Una frase, o anche una sola parola, può descrivere, narrare un'azione, ma può altresì identificarsi essa stessa con l'azione, *essere* l'azione.

Questo fenomeno è particolarmente diffuso nel mondo del diritto. Se sull'altare dichiaro: "Sì, voglio prendere te come mia legittima sposa"; se quando detto il mio testamento scrivo: "Lascio i miei libri alla biblioteca comunale"; se dico: "Scommetto dieci euro che l'Inter vince", ho compiuto azioni, non ho concepito narrazioni o formulato pareri. A queste proposizioni non si può applicare la nozione di vero e falso: si tratta di frasi che modificano direttamente la realtà, che sono esse stesse azioni.

Si fa qualcosa, dicendo qualcosa.

In realtà, anche quando le parole e le frasi sono non direttamente performative, ma narrative e descrittive; esse – raccontando – possono realizzare una peculiare funzione costruttiva del mondo. La narrazione dei fatti non è un'operazione neutra: la comunicazione spesso letteralmente *crea* quella che noi chiamiamo la realtà, come ha affermato, con toni solo in apparenza paradossali, Paul Watzlawick.

Ciò è dimostrato con particolare efficacia dagli studi della psicologia giuridica.

Elizabeth Loftus, una delle massime autorità mondiali nel campo della psicologia della testimonianza e della memoria, mostrò a un gruppo di volontari la videoregistrazione di un incidente automobilistico. Successivamente i soggetti furono divisi in due gruppi; a quelli del primo fu chiesto a che velocità andassero le auto quando si erano *scontrate*, mentre a quelli del secondo fu chiesto a che velocità andassero le auto quando si erano *schiantate*. Il secondo gruppo indicò velocità di gran lunga maggiori rispetto al primo. Una settimana dopo ai soggetti fu chiesto se avessero notato vetri rotti sulla scena dell'incidente. In realtà non vi erano vetri rotti, ma i volontari del secondo gruppo indicarono tale (inesistente) dato in percentuale doppia rispetto a quelli del primo. Tutto questo solo per effetto dell'uso di due diverse parole nella formulazione della domanda che sollecitava la memoria e la narrazione dei fatti.

* * *

La parola può dunque dare forma all'esperienza raccontandola e a volte manipolandola (nei libri come nei processi), ma può, anche, definire il mondo in termini nuovi e pertanto generare il progresso.

Allo stesso modo, tuttavia, essa può divenire, come annota Enzo Golino nel suo libro sulla lingua totalitaria del fascismo e del nazismo, "il cavallo di Troia di un disegno autoritario, strumento di potere e di una pratica narrativa – cioè la narrazione della storia – *ad usum delphini*. Con l'obiettivo di ipotecare la storia passata, presente, futura".

La scelta delle parole è dunque un atto cruciale e fondativo: esse sono dotate di una forza che ne determina l'efficacia e che può produrre conseguenze. Una forza che spesso è costituita dalla tradizione della parola, dal suo significato come storicamente si è sedimentato, e che, indagato sul piano teorico dagli studiosi della lingua, è tuttavia sempre operante, a diversi gradi di consapevolezza linguistica e culturale, nella coscienza dei parlanti.

Gli esiti concreti di questo meccanismo sono temibili: le parole possono costituire la premessa e la sostanza di pratiche manipolatorie, ma anche razziste, xenofobe o criminali.

Un caso esemplare è il repertorio di parole, espressioni, discorsi, testi interi – di ieri e di oggi – che costituiscono l'"archivio antiebraico", il fondamento linguistico e ideologico dell'antisemitismo, indagato, nella sua formazione e nel suo funzionamento, dallo storico Simon Levis Sullam.

Ma la funzione creativa del linguaggio, la potenzialità delle parole, straordinaria e tremenda, di inventare il reale si manifesta continuamente: espressioni come *giudeo*, *negro*, *terrone*, *marocchino*, *frocio*, *ricchione* attivano immediatamente l'ostilità, creano un *altro*, estraneo e da respingere.

È un'interferenza sulla realtà – o, si potrebbe dire, una vera e propria creazione di realtà fittizie – che ogni giorno, spesso inconsapevolmente, sperimentiamo. Una manipolazione che passa attraverso la scelta delle parole, che investe tutti gli aspetti della vita associata e che, in molti casi, si fa violenza. Palese o, più spesso e più pericolosamente, occulta.

* * *

Un esempio ricavato dalla cronaca politico-giudiziaria italiana può dare un'idea di come la scelta arbitraria delle parole possa manipolare la realtà, alterandola e rendendola irriconoscibile.

Il 25 febbraio 2010 le Sezioni Unite Penali della Corte di Cassazione si occuparono del caso di tale Mills Mackenzie Donald David, meglio noto alle cronache giudiziarie come "l'avvocato Mills".

Questo signore, di nazionalità inglese e di professione avvocato esperto nella costituzione di società nei cosiddetti paradisi fiscali, era stato accusato di un delitto assai grave: corruzione in atti giudiziari in concorso con Berlusconi Silvio. In concreto Mills, che per conto di Berlusconi aveva creato e gestito numerose società estere offshore (All Iberian) del gruppo Fininvest, era accusato di avere ripetutamente testimoniato il falso al fine di occultare le responsabilità dello stesso Berlusconi, e dunque per favorirlo, ricevendone in cambio cospicue somme di denaro.

Il procedimento, iniziato, come è naturale, a carico del presunto corrotto e del presunto corruttore, si era scisso nell'ottobre del 2008. Il tribunale di Milano aveva infatti separato la posizione dell'imputato Berlusconi per trasmettere gli atti alla Corte costituzionale, affinché questa valutasse la legittimità del cosiddetto lodo Alfano, la legge che aveva disposto la sospensione dei procedimenti penali nei confronti delle alte cariche dello Stato. Il lodo Alfano sarebbe stato dichiarato incostituzionale circa un anno dopo per violazione del principio di uguaglianza dei cittadini dinanzi alla legge. Ma ciò che qui interessa è che, per effetto di quella legge, il procedimento a carico dell'imputato Berlusconi venne sospeso, mentre quello a carico dell'imputato Mills proseguì fino alla condanna di quest'ultimo. Il tribunale lo ritenne infatti responsabile del reato di corruzione in atti giudiziari e lo condannò a quattro anni e sei mesi di reclusione. La Corte d'appello confermò la condanna.

Le Sezioni Unite della Cassazione, con la sentenza del 25 febbraio 2010, confermavano anch'esse, con un articolato ragionamento giuridico, la sussistenza del reato di corruzione in atti giudiziari del quale, però, dichiaravano la prescrizione.

Prima di proseguire è bene chiarire sinteticamente due concetti.

Nel gergo degli studiosi di diritto penale, la corruzione si definisce reato plurisoggettivo, a concorso necessario.

Tradotto: perché sussista il reato di corruzione è necessario che ci siano almeno due responsabili, il corrotto (nel caso di specie appunto l'avvocato Mills) e il corruttore. Se le Sezioni Unite della Cassazione, e prima di loro il tribunale e la Corte d'appello di Milano, dicono che c'è un corrotto, dicono anche, implicitamente, che c'è un corruttore.

La prescrizione è una causa di estinzione dei reati collegata al trascorrere del tempo. La ragione di questo istituto giuridico è che, a distanza di molto tempo dal fatto, si ritiene venga meno l'interesse dello Stato a punire la relativa condotta.

La sentenza che dichiara estinto un reato per prescrizione ha come premessa logica e giuridica la *sussistenza* del reato stesso. Essa è dunque, per intuibili ragioni, cosa ben diversa da una sentenza di assoluzione. Non sarà inutile, sul punto, una brevissima e inequivoca citazione dalla sentenza delle Sezioni Unite: "Al riguardo deve osservarsi che, alla stregua delle valutazioni dianzi effettuate, risulta verificata *la sussistenza degli estremi del reato di corruzione in atti giudiziari* [corsivo mio]". Cioè: l'avvocato Mills era stato certamente corrotto.

Date queste elementari e apparentemente incontrovertibili premesse, il 26 febbraio 2010 "il Giornale", dopo aver titolato *Processi, vittoria di Berlusconi*, definiva Mills "praticamente assolto" e informava i suoi lettori che Berlusconi non avrebbe più dovuto "presentarsi in tribunale per discolparsi". Infine, con un totale capovolgimento del dato storico e testuale, concludeva: "se non c'è più il corrotto non ci può più essere neppure il corruttore". Quando invece, come abbiamo appena constatato leggendo la sentenza, vi era il corrotto e dunque anche il corruttore.

La sentenza di assoluzione e quella che dichiara il reato estinto per prescrizione hanno una sola cosa in comune: l'imputato non subisce la pena. In un caso perché innocente, nell'altro perché, nonostante la sua colpevolezza, il tempo decorso implica la cessazione della cosiddetta pretesa punitiva dello Stato. Assoluzione e dichiarazione di prescrizione sono due cose *diverse*. Vengono rese "praticamente" uguali da una narrazione dei fatti che si fa manipolazione e sovvertimento della cronaca e, in prospettiva, della storia.

Il capovolgimento del reale si fa più evidente, e più devastante, grazie alla televisione.

L'edizione del *Tg1* dello stesso giorno, 26 febbraio 2010,

alle 13.30, si apriva con il titolo: *Dopo l'assoluzione dell'avvocato Mills, polemiche le opposizioni; la maggioranza dice: "Vittoria della giustizia"*. E il conduttore proseguiva: "Il giorno dopo la sentenza di assoluzione la politica si divide sul caso Mills".

Abbiamo visto come la differenza fra dichiarazione di prescrizione e sentenza di assoluzione sia linguisticamente, giuridicamente, logicamente chiarissima. Mills non era stato assolto, eppure, a seguito dell'impiego abusivo della parola *assoluzione*, la realtà era stata manipolata, falsificata, resa altra. Per i milioni di spettatori che avevano assistito a quel telegiornale, l'avvocato Mills era stato assolto e Berlusconi era innocente.

* * *

Il riepilogo di questa vicenda richiama alla mente le parole della *Nobel Lecture* che Toni Morrison pronunciò nel 1993 e la sua riflessione sul concetto di lingua morta. Essa non è solo una lingua priva di parlanti, ma è una lingua rigida, che si limita a contemplare la propria paralisi. Una lingua morta è la lingua del potere, che nasce da una censura ed essa stessa censura.

> Il linguaggio oppressivo non si limita a rappresentare la violenza: è violenza. Non si limita a rappresentare i confini della conoscenza: confina la conoscenza. Che si tratti del linguaggio ottenebrante del potere o del linguaggio menzognero di stolidi mezzi di comunicazione; che sia il linguaggio tronfio ma ossificato dell'accademia o il linguaggio meramente funzionale delle scienze; che si tratti del linguaggio malefico della legge priva di etica, o del linguaggio pensato per l'esclusione e l'alienazione delle minoranze, che occulta la sua violenza razzista sotto la facciata della cultura – il linguaggio dell'oppressione deve essere respinto, modificato e smascherato. È il linguaggio che succhia il sangue, blandisce chi è vulnerabile, nasconde

gli stivali fascisti sotto crinoline di rispettabilità e patriottismo, mentre procede inesorabilmente fino alla linea di fondo, fino all'ultimo angolo della mente svuotata. Il linguaggio sessista, il linguaggio razzista, il linguaggio fideistico – sono tutte forme del linguaggio del controllo e del potere, e non possono consentire, non consentono nuova conoscenza, né promuovono lo scambio reciproco di idee.

3.

Lingua del dubbio e lingua del potere

La lingua del potere è una lingua pericolosa, raggelata e "unreceptive to interrogation", scrive Toni Morrison: impermeabile all'interrogazione.

Il punto interrogativo è forse l'interpunzione più importante. Questa affermazione si legge in un libro commovente e terribile che spiega il mondo e la storia attraverso una formidabile riflessione sul linguaggio: *LTI. La lingua del Terzo Reich*, di Victor Klemperer. Il sottotitolo è: *Taccuino di un filologo*.

Nelle pagine di *1984*, George Orwell costruisce e descrive un mondo pauroso ma fantastico, un'utopia negativa che esiste solo nella realtà della scrittura. Nelle pagine di *La lingua del Terzo Reich* Victor Klemperer ricostruisce e spiega un mondo pauroso e reale. Quello del regime nazista.

Il *Taccuino* – apparso in traduzione italiana solo nel 1998 – fu pubblicato in Germania poco dopo la fine della Seconda guerra mondiale, nel 1947: i materiali in esso raccolti sono ricavati da una mole vastissima di annotazioni redatte a partire dal 1933.

Per Klemperer le riflessioni sugli anni e sul linguaggio del nazismo, riflessioni che avrebbero potuto costargli la vita, rappresentano la forma e la sostanza della sua battaglia contro il nazismo: "È questo" scriveva "il mio modo di essere eroico".

Ebreo, figlio di un rabbino riformato, Klemperer – che nel 1912 si convertì al protestantesimo – aveva sposato una tedesca non ebrea e aveva combattuto come volontario nella Prima guerra mondiale. Queste circostanze gli permisero di essere, in realtà, un privilegiato: pur costretto a vivere in uno *Judenhaus* – casa di residenza forzata per ebrei – e a conoscere la miseria, la fame, le umiliazioni, egli sfuggì al destino della deportazione e della morte.

Klemperer affida la difesa della sua dignità, il suo diritto e il dovere di sopravvivere e testimoniare, all'indagine accurata e implacabile – dotata di "quel tanto di pedantesco che si annida in ogni filologo" – delle parole. E dunque al suo lavoro, che pure gli era stato proibito di esercitare.

Aveva insegnato a Dresda fino al 1935: rimosso dall'insegnamento a seguito delle leggi razziali, fu obbligato al lavoro in fabbrica. Divenne operaio, e solo nel 1947 sarebbe stato reintegrato nel ruolo accademico. Negli anni della persecuzione, tuttavia, egli non smise mai di essere filologo: continuamente annotò, registrò, censì la progressiva torsione, l'abuso, la violenza esercitati sulla lingua – le parole, le forme, i significati, gli stilemi, l'interpunzione – dal regime nazista.

George Steiner ha osservato che le ideologie cosiddette competitive, come il nazismo – e io aggiungerei: il fascismo e altre, meno palesemente totalitarie, che oggi si stanno diffondendo anche in Europa –, non producono lingue creative, e solo di rado elaborano nuovi termini: molto più spesso "saccheggiano e decompongono la lingua della comunità", manipolandola e usandola come un'arma. Questa caratteristica della "lingua Tertii Imperii", l'essere oppressiva e parassitaria insieme, emerge con tragica evidenza dalle pagine del *Taccuino* di Klemperer.

"Il Terzo Reich ha coniato pochissimi termini nuovi, forse

verosimilmente addirittura nessuno. La lingua nazista in molti casi si rifà a una lingua straniera, per il resto quasi sempre al tedesco prehitleriano: però muta il valore delle parole e la loro frequenza, trasforma in patrimonio comune ciò che prima apparteneva a un singolo o a un gruppuscolo, requisisce per il partito ciò che era patrimonio comune e in complesso impregna del suo veleno parole, gruppi di parole e struttura delle frasi, asservisce la lingua al suo spaventoso sistema."

Quando rievoca le modalità della propaganda nazista, nel tentativo di capirne l'efficacia, Klemperer osserva: "No, l'effetto maggiore non era provocato dai discorsi e neppure da articoli, volantini, manifesti e bandiere, da nulla che potesse essere percepito da un pensiero o da un sentimento consapevoli. Invece il nazismo si insinuava nella carne e nel sangue della folla attraverso le singole parole, le locuzioni, la forma delle frasi ripetute milioni di volte, imposte a forza alla massa e da questa accettate meccanicamente e inconsciamente. [...] Ma la lingua non si limita a creare e pensare per me, dirige anche il mio sentire, indirizza tutto il mio essere spirituale quanto più naturalmente, più inconsciamente mi abbandono a lei. E se la lingua colta è formata di elementi tossici o è stata resa portatrice di tali elementi? Le parole possono essere come minime dosi di arsenico: ingerite senza saperlo sembrano non avere alcun effetto, ma dopo qualche tempo ecco rivelarsi l'effetto tossico".

Le parole come minime dosi di arsenico, dall'effetto lentamente, inesorabilmente tossico: questo è il pericolo delle lingue del potere e dell'oppressione, e soprattutto del nostro uso – e riuso – inconsapevole e passivo.

Per questo è necessaria la cura, l'attenzione, la perizia da disciplinati artigiani della parola, non solo nell'esercizio attivo della lingua – quando parliamo, quando scriviamo – ma ancor più in quello passivo: quando ascoltiamo, quando leggiamo.

La lingua del Terzo Reich, pericolosa come un veleno, è una lingua di "estrema povertà" (un intero capitolo del *Taccuino*, il terzo, si intitola "Caratteristica fondamentale: povertà"): perché si basa su un sistema tirannico pervasivo; perché impone un unico modello di pensiero; perché, "nella sua limitatezza autoimposta, poteva esprimere solo un lato della natura umana".

La lingua, "se può muoversi liberamente", è per natura ricca, perché si piega a esprimere, a dire tutte le esigenze, tutti i sentimenti umani: e dunque, come contravveleno, converrà ricordare che – non per pedanteria filologica, ma per autoconservazione – bisogna combattere l'impoverimento della lingua, la sciatteria dell'omologazione, la scomparsa delle parole.

È una lingua, quella nazista, costruita sulle frasi fatte, e forte della loro ripetizione stolida: perché, ammonisce Klemperer, "proprio le frasi fatte si impadroniscono di noi".

Di noi e, aggiungerei, della politica, che, negli ultimi trent'anni, nel nostro Paese è stata più che mai dominata dalla ripetizione di slogan volgari ma virali e di metafore grossolane: "la Lega ce l'ha duro"; "la discesa in campo"; "il presidente eletto dal popolo"; "i magistrati comunisti"; "lasciatelo lavorare"; "mandiamoli tutti a casa"; "rottamare"; "il governo del cambiamento"; e infine quello più triviale e pericoloso, nella sua apparente, innocua banalità: "la politica del fare".

D'altra parte, scriveva Primo Levi, "quante sono le menti umane capaci di resistere alla lenta, feroce, incessante, impercettibile forza di penetrazione dei luoghi comuni?".

Nulla ci aveva preparato, però, alla degradazione del linguaggio politico a cui abbiamo assistito negli ultimi quindici anni. Sia Berlusconi che Bossi – particolarmente abili a sfruttare slogan grossolani a loro vantaggio – utilizzavano un lessico nonostante tutto pertinente alla sfera politica.

Stefano Ondelli ha raccolto i lemmi esclusivi di Grillo –

ovvero le parole usate solo da lui e non dagli altri politici. Eccone alcuni: cazzo, culo, inceneritore, blog, nano, merda, pregiudicato, pazzesco, topo, cemento, porco, Tav, puttana, talk, esercito, bocconiano, camper, incantesimo, populismo. Questo linguaggio ha portato, negli ultimi anni, a una degradazione sia della politicità del lessico sia del complessivo registro linguistico, che si è abbassato enormemente, fino all'insulto dell'avversario politico, al turpiloquio e addirittura allo *hate speech*.

La ripetizione continua, ossessiva, è uno degli stilemi principali di una lingua totalitaria, laddove il totalitarismo della lingua non va sempre e necessariamente insieme al totalitarismo della forma di governo. È, quella totalitaria, una lingua gonfia di odio e di isterismo, che si appropria delle parole e le usurpa, nutrendo con esse le minacce, le allusioni a complotti, i tentativi di creare e seminare tensione; una lingua che dice per poi negare di aver detto; che disprezza i cittadini allo stesso modo degli avversari politici.

Nella lingua del Terzo Reich, tronfia e urlata, "lo stile obbligatorio per tutti era quello dell'imbonitore".

Forse non solo in quella lingua, non solo allora.

4.
Il furto delle parole: democrazia e libertà

L'usurpazione, il furto delle parole è un fenomeno lento, progressivo e ricorrente.

Esso era già noto agli antichi, e fu riconosciuto anzitutto dagli storici. Nel V secolo a.C. Tucidide descrive la guerra civile di Corcira (Corfù) e annota: "Cambiarono a piacimento il significato consueto delle parole in rapporto ai fatti. L'audacia sconsiderata fu ritenuta coraggiosa lealtà verso i compagni, il prudente indugio viltà sotto una bella apparenza, la moderazione schermo alla codardia, e l'intelligenza di fronte alla complessità del reale inerzia di fronte ad ogni stimolo: l'impeto frenetico fu attribuito a carattere virile, il riflettere con attenzione fu visto come un sottile pretesto per tirarsi indietro. Chi inveiva infuriato, riscuoteva sempre credito, ma chi lo contrastava, era visto con diffidenza. Chi avesse avuto fortuna in un intrigo era intelligente, chi l'avesse intuito era ancora più bravo; ma provvedere in anticipo ad evitare tali maneggi significava apparire disgregatore della propria eteria, e terrorizzato dagli avversari".

Quattro secoli dopo, a Roma, Sallustio fa dire a Catone: "Davvero abbiamo smarrito da tempo il vero significato delle parole. Profondere i beni altrui vien detto liberalità, la spregiudicatezza nelle male azioni è sinonimo di forza d'animo; per questo lo Stato è caduto tanto in basso!".

E nel medesimo orizzonte concettuale, a distanza di oltre duemila anni, il poeta polacco Czesław Miłosz, che sperimentò la persecuzione e l'esilio, osservava: "Chiunque detenga il potere può controllare anche il linguaggio, e non solo con le proibizioni della censura, ma cambiando il significato delle parole".

Cambiare i significati – o, più semplicemente, confonderli e cancellarli – è la premessa per l'impossessamento abusivo di parole chiave del lessico politico e civile. Esse vengono distorte, piegate, snaturate, e infine scagliate con violenza contro gli avversari.

Prima fra tutte, la nozione di democrazia è stata esposta, storicamente, alle manipolazioni più pericolose: logorata da un uso arrogante, questa parola, come ha segnalato Luciano Canfora, rappresenta un caso esemplare.

Alla fine degli anni cinquanta Giovanni Sartori, in un libro dedicato a *Democrazia e definizioni*, insisteva sulla necessità di una conoscenza critica e non casuale della parola democrazia, perché "viviamo nell'età della confusione democratica, della 'democrazia confusa': e cioè nell'indefinito, manipolando e sentenziando su una democrazia che non sappiamo più bene cosa sia. [...] Se uno stesso vocabolo può nobilitare pratiche tanto opposte e ripugnanti, è chiaro che quel nome non significa più nulla, e che non sappiamo di cosa stiamo parlando".

Molte riflessioni saranno dedicate, nelle pagine che seguono, alla storia delle parole: la storia che esse in sé raccontano e la storia che hanno conosciuto nel tempo. Le parole sono durevoli, e più delle altre lo sono le parole della politica, perché durevoli sono i meccanismi dell'agire politico. Anche per questo, in certe parole si può sentire il profumo del futuro.

* * *

Insieme con *democrazia*, e forse con più determinazione e violenza, è stata in questi anni usurpata la parola *libertà*: la libertà "beninteso non di tutti, ma quella di coloro che, nella gara, riescono più 'forti' (nazioni, regioni, individui)", come ha messo in evidenza Luciano Canfora.

Libertà è parola difficile da maneggiare e – in parallelo con un'altra parola importante, ambigua e pericolosissima: *popolo* – più di altre soggetta agli abusi dei ladri di parole. Oggi, come nel passato. Già nella Roma repubblicana, "libertà e legalità sono parole altisonanti: dovranno essere spesso tradotte, a mente fredda, con privilegi e interessi costituiti".

La "libertà" invocata dai ceti – o anche solo da singole persone – economicamente dominanti al fine di salvaguardare interessi e privilegi particolari non è solo, come si intuisce, un tratto di Roma antica.

In un libro significativamente intitolato *La libertà dei servi*, Maurizio Viroli ha messo in luce come la libertà dei cittadini, a differenza della libertà dei sudditi, non sia "una libertà *dalle* leggi, ma una libertà *grazie* o *in virtù* delle leggi. Perché vi sia vera libertà è necessario che tutti siano sottoposti alle leggi o, come recita il classico precetto, che le leggi siano più potenti degli uomini. Se invece in uno Stato c'è un uomo che è più forte delle leggi non esiste la libertà dei cittadini". Tutt'al più, appunto, quella dei sudditi o addirittura dei servi.

Già in alcune formulazioni del pensiero antico la somma *libertas* consiste nell'essere servi, ma servi della legge. Nel quarto libro delle *Leggi* Platone osserva: "Coloro che di norma vengono chiamati governanti io li ho chiamati 'servitori delle leggi', non per stravaganza nell'uso delle parole, ma perché sono convinto che in ciò soprattutto stia tanto la salvezza di uno Stato, quanto la sua decadenza".

E, nell'orazione *In difesa di Cluenzio* (66 a.C.), Cicerone così si esprime: "tu devi necessariamente concedermi che è una vergogna molto maggiore che in uno stato di diritto si trasgrediscano le leggi. Questo è infatti il vincolo che garantisce la nostra posizione sociale in seno allo Stato, questo il fondamento della libertà, questa la fonte della giustizia; la mente, l'anima, il senno, il pensiero di una comunità, tutto è basato sulle leggi. Come il nostro corpo non può reggersi senza la mente, così lo Stato senza la legge non può valersi delle sue parti, che sono come i suoi nervi, il suo sangue, le sue membra. Ad applicare le leggi sono chiamati i magistrati, a interpretarle i giudici, ma tutti, per concludere, siamo al servizio delle leggi per poter essere liberi".

In uno stato di diritto – va da sé – chi governa serve le leggi: non le asservisce ai propri bisogni. E nell'*Epistola agli scelleratissimi fiorentini*, Dante scriverà: "L'osservanza delle leggi, se lieta, se libera, non solo non è schiavitù ma è anzi, a chi ben guardi, essa stessa suprema libertà".

Una formulazione, potremmo soggiungere, che confligge apertamente con l'evocazione indistinta e prepolitica della libertà assurta prima – in unione all'altrettanto prepolitica, confusa e dunque demagogica evocazione del "popolo" – a nome di partito, poi a slogan privato di senso.

È forse superfluo fermarsi sul carattere demagogico e populista di questo nesso: ma certo non è un caso se nei primi anni duemila, nei discorsi pubblici di Berlusconi, *libertà* risultava – fra le espressioni indicanti i valori sociali – la più frequente; e, all'opposto, quella che ricorreva più di rado era *bene comune*.

Un esempio calzante dell'utilizzo vago e manipolatorio della parola *libertà* è il dibattito su vaccini e *green pass*. A parte la legittima preoccupazione su scelte mediche personali, c'è chi si è opposto all'introduzione di un *pass* per accedere a certe attività in piena pandemia, considerandola una discriminazione inaccettabile, la creazione di una società divisa a metà, in cui i non vaccinati sarebbero stati ingiustamente privati di libertà inviolabili.

L'errore implicito in questa impostazione – difficile dire se prodotto da malafede o da una difettosa capacità di leggere il reale – consiste nel criticare la decisione tralasciandone il contesto. E il contesto è in primo luogo la nostra Costituzione che prevede la libertà di circolazione dei cittadini "salvo limitazioni che la legge stabilisce in via generale per motivi di sanità o di sicurezza" (art. 16).

Per quanto riguarda la salute pubblica, che è un bene piuttosto elusivo, ma indispensabile per assicurare la maggior parte delle nostre libertà, il prezzo individuale è la vaccinazione. È grazie a chi si è vaccinato che la pandemia è diventata gestibile anche di fronte a una variante contagiosissima. Chi rifiuta l'utilizzo di un *green pass* vuole godere della libertà ritrovata senza aver fatto e senza voler fare la sua parte.

Le nostre libertà sono originate e garantite dalla Costituzione, ma nessuna libertà è assoluta. Essa trova i suoi limiti nelle libertà altrui e nell'interesse prevalente della collettività. Quando il dibattito sulla libertà diventa astratto, non ancorato al contesto e alle circostanze concrete, si rischia di poter dire tutto e il contrario di tutto.

Libertà e liberismo non sono sinonimi: mettere insieme i due concetti, confondendoli, significa inquinare le parole e la verità, e per conseguenza gli argomenti del dibattito politico e civile.

* * *

In bilico fra i toni del romanzo d'appendice e quelli dei talk show spazzatura si colloca un altro caso emblematico di usurpazione e danneggiamento di una parola importante e delicata: *amore*.

L'amore vince sempre sull'invidia e sull'odio è il titolo del volume che raccoglie parte dei messaggi di sostegno giunti a Silvio Berlusconi dopo l'aggressione subita in piazza Duomo a Milano, a opera di uno squilibrato, il 13 dicembre 2009.

Il libro evoca volontà e consenso del *popolo* per legittimare una visione autocratica del potere.

> Come segno di riconoscenza, ho deciso di raccogliere in questo libro una selezione dei tanti messaggi di sostegno e di incoraggiamento che mi sono giunti. È la testimonianza pubblica di quell'Italia che sa amare. [...] Nei giorni della mia convalescenza, mi sono ancora più persuaso che davvero l'amore vince su tutto, non solo sull'odio che rende violente contro l'avversario politico le menti più fragili. Quando, dall'ospedale, ho lanciato questo messaggio, in molti hanno ironizzato: io resto convinto che questa sia la via giusta per uscire dai problemi del nostro Paese.

Ha scritto Zagrebelsky che la – metaforica – chiamata alle armi dei cittadini al seguito di parole d'ordine e contrapposizioni elementari e del tutto vuote (amore-odio, vecchio-nuovo, bene-male) è cosa da "imbroglioni della politica": sono parole che possono far vincere le elezioni, "ma intanto spargono germi totalitari".

L'amore e l'odio non figurano "nei dizionari del lessico politico redatti in anni che pure erano colmi di passioni". L'amore – come l'odio – non consente l'argomentazione, il dubbio critico, la mediazione, "che sono figure essenziali della buona politica": la mozione degli affetti, l'evocazione del sentimento prepolitico permette, tuttavia, di catturare incondizionatamente un consenso fondato sugli istinti, non sulla ragione.

Uno studio del 2006 ha analizzato il linguaggio di Silvio Berlusconi con un'indagine quantitativa, sottoponendolo a una rigorosa analisi statistica. Secondo i risultati del lavoro, il linguaggio politico "di B." è stato un linguaggio "profondamente irrazionale, volto programmaticamente a oscurare neutralizzando differenze, ad aizzare le parti ad esempio con la metafora della guerra, a infantilizzare il pubblico con la metafora del calcio o metafore 'diminutive', a conquistare l'affetto del pubblico invece di spingerlo a fare scelte ragionando".

Il lessico berlusconiano ha costituito l'humus più favorevole ai linguaggi politici che sono venuti dopo: la politica di oggi è il risultato, il frutto di questi meccanismi. Un tale lessico pubblico, più di ogni altro, fa appello al patetismo e alle emozioni elementari. Cioè ai fattori che – opportunamente manipolati con un uso accorto del linguaggio e della retorica – hanno rappresentato il fondamento e la legittimazione dei regimi totalitari.

L'effetto è amplificato dai social network, che esasperano il patetismo, la rapidità e l'immediatezza della reazione istintiva, e in qualche modo la rendono pubblica e la legittimano. Il potere costituito su basi emotive è l'opposto della democrazia, che si fonda invece sulla discussione critica, sull'argomentazione, sulla ricezione di istanze molteplici: è un potere "che regredisce alla logica primitiva dell'amico/nemico, da cui la cultura occidentale ha cercato di emanciparsi *proprio attraverso la politica*, intesa come gestione razionale di interessi contrastanti [corsivo mio]".

Il partito dell'amore è – fin dalla sua stessa definizione, fin dall'astuta, ma smascherabile scelta delle parole – il contrario della buona politica.

Non solo: il paradossale nesso "partito dell'amore" confligge in modo palese con le dichiarazioni, i comportamenti, la stessa rabbiosa mimica facciale di chi l'ha inventato. Lo ha chiarito bene Adriano Sofri: "l'amore con la bava alla bocca, l'amore che strappa i capelli altrui".

Non sarà inutile registrare qualche esempio della pacata benevolenza con cui il fondatore del partito dell'amore si rivolgeva, dal momento del suo ingresso in politica, ai suoi avversari (o a quelli, come i magistrati, che *considerava* suoi avversari):

"Veltroni è un coglione" (3/9/1995). "Veltroni è un miserabile" (4/4/2000). "Giuliano Amato, l'utile idiota che siede a Palazzo Chigi" (21/4/2000). "Prodi? Un leader d'accatto" (22/2/1995). "Prima delle elezioni ho potuto incontrare due sole volte in tv il mio avversario, e con soli due minuti e mezzo per rispondere alle domande del giornalista e alle stronzate che diceva Prodi" (2/7/2007). "Il centrosinistra? Mentecatti, miserabili alla canna del gas" (4/4/2000). "Sono in politica perché il Bene prevalga sul Male. Se la sinistra andasse al governo l'esito sarebbe questo: miseria, terrore, morte. Così come avviene ovunque governi il comunismo" (17/1/2005). "I giudici sono matti, antropologicamente diversi dal resto della razza umana. Se fai quel mestiere, devi essere affetto da turbe psichiche" (10/9/2003). "Il presidente Scalfaro è un serpente, un traditore, un golpista" (16/1/1995). "Ma vaffanculo!" (accompagnando l'insulto con un gesto della mano, mentre il presidente emerito Scalfaro denuncia in Senato il "servilismo" della politica estera del suo governo nei confronti degli Usa sull'Iraq, 27/9/2002).

A distanza di anni, questa – la coesistenza fra dichiarazioni edificanti, rivendicazione di buoni sentimenti e violenta, indiscriminata aggressione agli avversari politici – è diventata la cifra stilistica di molta politica italiana.

Ancora una volta, il metodo passa attraverso lo svuotamento delle parole e la loro trasformazione: talvolta in oggetti contundenti, talvolta in micce usate per appiccare veri e propri incendi di rancore.

Si pensi all'uso della parola "bacioni" da parte del leader leghista Matteo Salvini nella sua spregiudicata comunicazione social. Essa è brandita come una parola d'ordine, un comando in codice per scatenare campagne di denigrazione, minaccia, aggressione e odio. Gli esempi sono molteplici.

Fra i tanti, merita di essere ricordato il "pestaggio" virtuale attuato il 26 novembre 2018 nei confronti di alcune donne. Costoro, nel corso di una manifestazione a Cagliari, avevano contestato Salvini, anche con espressioni aspre. Il leghista, postando sulla sua pagina Facebook un video che mostrava la contestazione (con i volti delle donne bene in vista, perfettamente riconoscibili) e riportandone alcune frasi, si limitava ad aggiungere: "Sempre bello ricevere complimenti... ma io non mollo. Un bacione".

Come in molti altri casi, all'uso di uno stilema fascista ("io non mollo"), Salvini faceva seguire il "bacione", cioè il nulla osta all'aggressione social. Ne derivava una tempesta di migliaia e migliaia di commenti di inaudita violenza, fra i quali spiccavano auguri di stupro e irripetibili insulti sessisti. Inutile dire, naturalmente, che non veniva attuato alcun intervento di censura o anche solo di moderazione da parte degli amministratori o del titolare della pagina, all'epoca dei fatti ministro della Repubblica. Ciò non certo per sciatteria o distrazione: il dilagare dell'odio in rete contro le tre donne era esattamente l'obiettivo del messaggio.

Un caso analogo è rappresentato dall'uso di parole ed espressioni come "amici", "sorriso", "voler bene", sempre da parte di Salvini, ma anche (senza la medesima carica di violenza ma con analoga violazione dei significati) da altri esponenti politici fra i quali l'ex presidente del Consiglio, ex segretario del Pd, capo del piccolo partito chiamato Italia Viva, Matteo Renzi. Non è casuale, forse, che i due siano stati protagonisti dei due errori forse più catastrofici di strategia e di previsione: rispettivamente provocare la crisi di governo nel 2019 (Salvini) e intestarsi il referendum costituzionale malamente perso nel 2016 (Renzi).

Evocare l'amicizia (che per definizione, come l'amore, riguarda un numero molto circoscritto di rapporti individuali) per alludere a modalità dell'agire politico implica qui l'ennesimo svuotamento della parola, e costituisce una delle tante operazioni linguistiche manipolatorie venate di dileggio, tipiche dei populismi di ogni genere.

È una mediocre pratica retorica che si sottrae all'ambito del discorso politico per rifugiarsi nell'uso, ontologicamente falso, di espressioni e immagini che attengono alla sfera dei sentimenti privati, ai gesti della sfera domestica (la cena, i compiti dei bambini), alle emozioni prive di contenuto (suscitate ad esempio dalle foto di gattini che di tanto in tanto appaiono sui profili social di Matteo Salvini) o addirittura alla religione, con l'abuso di simboli sacri come crocefissi o rosari.

Nel medesimo orizzonte di manipolazione retorica si collocano le metafore mediocri e trite della "testa alta" e della "schiena dritta", i roboanti proclami del "rifarei tutto" o del "non accettiamo lezioni".

Tali ultime espressioni in particolare alludono a una dimensione di astratta e ottusa coerenza, rivendicano un radicale rifiuto del dubbio, che comporta, in definitiva, una sostanziale incapacità di comprendere e affrontare la complessità. Qualsiasi impostazione politica laica e non demagogica deve riconoscere la fallibilità come una premessa di metodo, e dichiararsi disponibile a correggere i suoi inevitabili errori. La buona politica è incompatibile con il rifiuto del dubbio, con la rivendicazione acritica di ogni scelta passata e, per conseguenza, con le ricadute linguistiche di tali atteggiamenti.

5.
In principio era il Verbo

In principio era il Verbo, il *logos*. L'incipit del Vangelo di Giovanni è un luogo obbligato per chiunque intenda riflettere sul potere della parola.

In un passo molto celebre del *Faust*, Goethe immagina che Faust, poco prima che gli appaia Mefistofele, sperimenti diverse traduzioni dell'inizio del Vangelo di Giovanni (vv. 1224-1237):

> *Apre un grosso volume e si accinge a tradurre*
> Sta scritto: "In principio era *la Parola*".
> E eccomi già fermo. Chi m'aiuta a procedere?
> M'è impossibile dare a "*Parola*"
> tanto valore. Devo tradurre altrimenti,
> se mi darà giusto lume lo Spirito.
> Sta scritto: "In principio era *il Pensiero*".
> Medita bene il primo rigo,
> che non ti corra troppo la penna.
> Quel che tutto crea e opera, è *il Pensiero*?
> Dovrebb'essere: "In principio era *l'Energia*".
> Pure, mentre trascrivo questa parola, qualcosa
> già mi dice che non qui potrò fermarmi.
> Mi dà aiuto lo Spirito! Ecco che vedo chiaro
> e, ormai sicuro, scrivo: "In principio era *l'Azione*"!

Faust sostituisce "das Wort" (la parola) con "der Sinn" (il pensiero), "die Kraft" (l'energia) e, infine, con "die Tat" (l'azione).

Quest'ultima forma fu cara a Hitler, che disse una volta: "Io non amo Goethe. Ma sono disposto a perdonargli molto per via di una sola parola: 'In principio era *l'azione*'".

È una deformazione inquietante: il significato di *logos*, privato del valore della parola e del pensiero, diviene azione senza senso, azione senza pensiero.

Sarà bene riflettere sulle degenerazioni cui può condurre l'enfasi del "fare", usato assolutamente e senza oggetto come piace a molti: un "fare" astratto e indeterminato che, proprio per fondarsi sul primato dell'azione e non del pensiero, rischia di essere, nel migliore dei casi, un contenitore vuoto. Ne consegue, fatalmente, il disprezzo retorico, e pericolosissimo, per le "parole", che invece fondano l'azione e la iscrivono in un panorama di senso. Da Berlusconi a Renzi, e oltre.

Lo svuotamento di senso delle parole come conseguenza di usi manipolatori o anche solo di negligenza e sciatteria infatti non è prerogativa di una certa destra e della sua propaganda. Analogo fenomeno si verifica sull'altro versante dello schieramento politico-culturale, anche se, perlopiù, con diverse modalità, diversa consapevolezza e diverse conseguenze.

Un esempio, solo all'apparenza secondario, potrà illustrare il fenomeno.

Il glossario delle forze politiche che a vario titolo si considerano progressiste ha spesso incluso la locuzione: *le parole d'ordine della sinistra*. Essa è stata utilizzata per alludere ai valori che caratterizzano (o dovrebbero caratterizzare) la costellazione morale di quelle forze: uguaglianza, lavoro, giustizia sociale, pace, solidarietà, tolleranza.

Correttamente analizzata, questa locuzione svela però un contenuto paradossale. Parola d'ordine indica infatti l'espressione, la formula *segreta* che serve a superare un controllo e ad accedere a un luogo, fisico o virtuale, sottoposto a vigilanza. Un tipo di parola d'ordine è la *password*, utilizzata quotidianamente, da tutti noi, per accedere ai sistemi informatici.

La caratteristica saliente delle parole d'ordine è nell'essere del tutto svincolate dai significati. Esse non valgono per la capacità di creare e comunicare senso, ma solo per la capacità di attivare effetti meccanici di riconoscimento. Esse sono chiavi, sono oggetti inerti il cui significato è completamente indifferente rispetto alla funzione.

A ciò si aggiunga che le parole d'ordine sono, per definizione, entità segrete che riguardano ambiti chiusi e ristretti ed escludono chi di tali ambiti non faccia parte.

Date queste premesse, è agevole comprendere come la locuzione *parole d'ordine della sinistra*, nel suo rilievo apparentemente marginale, sia in realtà una vera e propria metafora della condizione delle forze progressiste nel nostro Paese.

Questa locuzione allude infatti all'uso di parole importantissime, svuotate del loro significato e ripetute come meri, meccanici slogan. Essa allude, soprattutto, a un carattere completamente cieco e autoreferenziale della comunicazione. Parole d'ordine meccaniche e segrete non trasmettono nulla (men che meno valori ed emozioni) e non includono nessuno.

* * *

Nel 1991, così Nadine Gordimer aprì il suo discorso di accettazione del Premio Nobel, intitolato *Scrivere ed essere*:

> Nel principio era la Parola.
> La Parola era presso Dio, significava la Parola di Dio, la Parola che era Creazione. Ma, nel corso di secoli di cultura umana, la parola ha

acquisito altri significati, tanto secolari che religiosi. Avere la parola è divenuto sinonimo di autorità suprema, di prestigio, di potere di persuasione enorme e talvolta pericoloso, di facoltà di apparire nella fascia oraria di massimo ascolto o in un talk-show televisivo, di dono dell'eloquenza o delle lingue. La parola vola attraverso lo spazio, rimbalzata dai satelliti, più vicina di quanto lo sia mai stata a quel cielo dal quale si credeva provenisse. Ma la sua trasformazione più significativa, per me e per quelli come me, è accaduta molto tempo fa, quando venne incisa per la prima volta su una tavoletta di pietra o tracciata su un papiro, quando si materializzò passando da suono a rappresentazione, dall'essere udita all'essere letta come una serie di segni e poi come uno scritto; e viaggiò attraverso il tempo dalla pergamena a Gutenberg. Perché è questa la genesi dello scrittore, o della scrittrice: è la storia che lo ha scritto, facendolo essere. [...] noi [scrittori] passiamo la vita a cercare di interpretare attraverso la parola le tracce che cogliamo nelle società, nel mondo di cui siamo parte. È in questo senso, nel senso di questa inestricabile, ineffabile partecipazione, che scrivere è sempre e contemporaneamente un'esplorazione di sé e del mondo; dell'essere individuale e dell'essere collettivo. Essere qui.

Logos significa parola, discorso, lingua, racconto. Si connette al verbo *lego*, che indica le azioni del raccontare, del parlare: ma anche, già in Omero, del mettere insieme, del raccogliere, del disporre le cose l'una accanto all'altra secondo un ordine razionale, dello *scegliere* con attenzione. Nella letteratura filosofica greca il significato di *logos* si allarga a indicare le parole che distinguono le cose tra loro, i rapporti esistenti fra le cose.

Ma è anche la frase costruita nel rispetto dell'ordine e della *ratio* grammaticale, una struttura coerente del pensiero in cui l'ordine delle parole rispecchia l'ordine delle cose. Secondo Aristotele, il *logos* è proprio dell'essere umano, perché solo l'essere umano parla e capisce. Il *logos* – la parola, il pensiero, la capacità di scegliere, l'abilità di raccontare – distingue l'uomo da tutte le altre creature viventi.

* * *

E allora, dopo queste premesse, proviamo a giocare con alcune parole, scelte in modo personale e inevitabilmente arbitrario. Così come, allo stesso modo, arbitraria e del tutto aperta è l'operazione di smontaggio, di ricostruzione e di restituzione di senso.

Sono parole elementari, che appartengono al linguaggio comune. Parole primarie, spesso gravemente svuotate: il tentativo è dunque quello di riempirle, restituire loro vita, renderle, secondo l'espressione del filosofo francese Brice Parain, "pistole cariche".

Partiremo da *vergogna*, procedendo attraverso *giustizia*, *ribellione*, *bellezza*, per arrivare infine alla parola – all'idea – che esprime la più umana, pericolosa, nobile ed eroica fra le dimensioni umane: *scelta*. In questa nuova edizione alla parola *scelta* segue *popolo*, forse il concetto più manomesso dell'ultimo decennio.

6.
Vergogna

Tutti abbiamo sperimentato l'intensità, la violenza talvolta, di questo sentimento persistente, doloroso, difficile. La durevolezza della vergogna è stata scolpita da Dante nel XXX canto dell'*Inferno*: nella bolgia dei falsari, Virgilio rimprovera Dante, e Dante sente "tal vergogna / ch'ancor per la memoria mi si gira".

La vergogna – la parola, e il sentimento – ricorre con sorprendente frequenza nelle opere di Shakespeare: ben 344 volte. La vergogna muove l'azione di Otello, di re Lear, di Antonio. Iago e Riccardo III, invece, sono dominati dal suo opposto, dalla mancanza di vergogna, che la lingua inglese esprime con un'unica parola: *shamelessness*.

I contrari sono molto meno ovvi, vincolati e meccanici di quanto pensiamo: il contrario di *felicità* è, certamente, *infelicità*. Basta aggiungere, come si dice, un prefisso. Per me però, ad esempio, il contrario della *felicità* è un altro: è la *noia*. I contrari, insomma, se indagati in modo non automatico, possono suggerire molte cose inattese sul significato delle parole.

L'italiano non possiede – a me pare – un termine che con la stessa sintesi di *shamelessness* si opponga a vergogna, ne rappresenti il contrario, in una polarità linguistica evidente. Una rapida perlustrazione dei dizionari offre diversi contrari, nessuno dei quali munito dell'efficacia della parola inglese: cinismo, impudenza, sfacciataggine, protervia, sfrontatezza, svergognatezza, sguaiataggine, scurrilità.

Sul piano puramente formale, il poco diffuso *svergognatezza* in apparenza potrebbe costituire il perfetto opposto di vergogna, con il prefisso *s-* a indicare, com'è noto, allontanamento, separazione, negazione, privazione, assenza o cessazione. Neppure questa parola, tuttavia, riesce a esprimere con efficacia l'assenza del sentimento della vergogna: sembrerebbe piuttosto adattarsi bene al rimprovero di una anziana zia davanti alla nipote poco vestita.

Evidentemente, bisogna cercare ancora.

Come tutti sappiamo per diretta esperienza, la vergogna conosce una vastissima possibilità di gradazioni: dall'imbarazzo transitorio ed episodico all'umiliazione più devastante e durevole. All'estremo di questo arco, la vergogna è anche – ed è questa l'accezione che ci preme – il "sentimento più o meno profondo e intenso di turbamento, di mortificazione, derivante dalla consapevolezza che un atto, un comportamento, un discorso proprio o altrui sono riprovevoli, disonorevoli o sconvenienti".

Fra i numerosi contrari di questa accezione: *decoro*, *onore* e, soprattutto, *dignità.*

Ancora una volta, può aiutarci una breve riflessione di carattere etimologico.

Il nesso fra vergogna e rispetto è immediatamente operante nelle lingue classiche: la radice del latino *verecundia* – da cui *vergogna* deriva – è la medesima di *vereor*, che significa *rispettare.*

Anche nella lingua greca antica, le nozioni di *vergogna* e *onore* sono inscindibili, nella parola *aidós* – pudore, rispetto – e nel verbo *aidéomai* (che può significare *provo vergogna dinanzi a* e, in altri contesti, *rispetto*).

Per i Greci, non può darsi *aidós* senza *timé*, senza onore: onore proprio e onore degli altri sono un'unica cosa.

Il nesso tra vergogna e onore appartiene anche a culture diverse da quella occidentale: in giapponese, le parole che indicano il rispetto per una persona con cui si è contratto un debito di gratitudine insistono sulla vergogna, sul senso di inferiorità dell'uno rispetto all'altro. Un parallelo della nozione greca di *aidós* si incontra nel beduino *hasham*, e termini che uniscono i concetti di vergogna e rispetto occorrono anche nel lessico degli aborigeni australiani.

La vergogna è determinata dalla percezione, o dalla paura, della violazione, dinanzi a se stessi e dinanzi agli altri, di una norma, di un principio etico, di un ordine del mondo. E dunque possiede anche una dimensione estetica, ha a che fare con la bellezza.

La vergogna non si produce solo in relazione a una sanzione esteriore, alla possibilità che l'inadeguatezza, o la violazione, dell'individuo si manifesti con evidenza: è un'emozione adulta, implica un giudizio su se stessi. Non si esprime solo nel *cosa penseranno di me*, ma, anzitutto, nel *come mi sono ridotto*. La vergogna adulta è dunque collegata alla perdita dell'autostima, prima ancora che della stima degli altri, alla violazione di un codice etico ed estetico interiore prima ancora che sociale.

In questo senso, la vergogna è indice di una "inaudita, spaventosa prossimità dell'uomo con se stesso": ed è forse – come ha scritto Marco Belpoliti in un bel libro che si intitola, appunto, *Senza vergogna* – questa inevitabile prossimità, il ravvicinamento, l'intimità con se stessi che la vergogna presuppone a renderla impraticabile a molti.

Non è un caso che il verbo *vergognarsi* sia solo intransitivo: io mi vergogno, ma non posso "vergognare" nessuno. Sono io che mi vergogno e basta, indipendentemente dalla mia diretta responsabilità nell'azione per cui mi vergogno: è il caso della vergogna del "giusto" dinanzi all'orrore dei campi di concentramento, di cui parleremo tra poco; della vergogna del disoccupato, che non ha colpa della sua condizione ma ne ricava ugualmente disagio e grave senso di inadeguatezza.

La vergogna è un'emozione destabilizzante: e forse non è un caso che essa sia stata definita "l'emozione ignorata", "la Cenerentola delle emozioni spiacevoli".

Primo Levi ne ha parlato in molte pagine con acuminata esattezza. Nel 1947 descrive con queste parole, poi confluite in *La tregua*, i primi soldati russi giunti al Lager "gremito di cadaveri e di moribondi": "Non salutavano, non sorridevano; apparivano oppressi, oltre che da pietà, da un confuso ritegno, che sigillava le loro bocche, e avvinceva i loro occhi allo scenario funereo. Era la stessa vergogna a noi ben nota, quella che ci sommergeva dopo le selezioni, ed ogni volta che ci toccava assistere o sottostare a un oltraggio: la vergogna che i tedeschi non conobbero, quella che il giusto prova davanti alla colpa commessa da altrui, e gli rimorde che esista, che sia stata introdotta irrevocabilmente nel mondo delle cose che esistono, e che la sua volontà buona sia stata nulla o scarsa, e non abbia valso a difesa".

Queste righe mostrano come la vergogna sia un sentimento insieme individuale e sociale. È un'espressione di autonomia morale, di consapevolezza adulta, di responsabilità, finanche rispetto agli altri, alle colpe degli altri. È la "vergogna del mondo": "Il mare di dolore, passato e presente, ci circondava, ed il suo livello è salito di anno in anno fino quasi a sommergerci. Era inutile chiudere gli occhi o volgergli le spalle, perché era tutto intorno, in ogni direzione fino all'orizzonte. Non ci era possibile, né abbiamo voluto, essere isole; i giusti fra noi, non più né meno numerosi che in qualsiasi altro gruppo umano, hanno provato rimorso, vergogna, dolore insomma, per la colpa che altri e non loro avevano commessa, ed in cui si sono sentiti coinvolti, perché sentivano che quanto era avvenuto intorno a loro, ed in loro presenza, e in loro, era irrevocabile. Non avrebbe potuto essere lavato mai più; avrebbe dimostrato che l'uomo, il genere umano, noi insomma, eravamo potenzialmente capaci di costruire una mole infinita di dolore; e che il dolore è la sola forza che si crei dal nulla, senza spesa e senza fatica. Basta non vedere, non ascoltare, non fare".

Al contrario, a fronte di questa capacità di vergogna universale dinanzi a un orrore universale, colpisce, per la sua pochezza, la fiera rivendicazione dell'assenza di vergogna in situazioni in cui pudore e attenzione sarebbero comunque desiderabili. Ciò non solo in situazioni tragiche come quelle narrate da Levi, ma anche nella quotidiana ricorrenza di vicende banali.

La vergogna non c'è più, come commenta Marco Belpoliti. Anzi, la vergogna sembra investire direttamente e anzitutto se stessa: è vergognoso vergognarsi. La vergogna appare una sorta di ripugnante patologia dalla quale tenersi il più possibile lontani, perché è lo stigma dell'insuccesso, del fallimento, o semplicemente della frustrazione.

L'incapacità di provare vergogna, la *mancanza di vergogna* è – nell'essere un'assenza – pericolosissima e gravida di effetti: "Sola vergogna è non provarne" scrive nei *Pensieri* Blaise Pascal, per paradosso.

Ma solo la capacità di provare vergogna implica la capacità di praticare il suo contrario più interessante: l'onore, la dignità, appunto.

Per questa ragione, non si deve cedere alla vergogna, ma è bene – sarebbe bene – essere capaci di provarla e coltivare questa capacità. Hannah Arendt ha scritto, nel 1945, che la vergogna elementare, dei tedeschi e del mondo, dinanzi all'Olocausto "non ha trovato ancora un'espressione politica adeguata [...]. Il sentimento di vergogna di fronte al fatto stesso di essere uomini non è altro che l'espressione puramente individuale e non ancora politica di questa intuizione".

Il passaggio successivo e ulteriore, a me pare, è proprio nell'attribuzione di un pieno statuto politico a questa parola, in un alone di senso ove rientrano altre parole come onore (cui fa specifico riferimento l'articolo 54 della Costituzione), dignità, responsabilità.

La caratteristica della vergogna, come di altri sentimenti, è di essere un segnale. La capacità di provarla costituisce un fondamentale meccanismo di tutela della salute morale, allo stesso modo in cui il dolore fisiologico è un meccanismo che mira a garantire la salute fisica minacciata. Il dolore è un sintomo che serve a segnalare l'esistenza di una patologia, in modo che sia possibile contrastarla con le opportune terapie. Se una persona non riesce a provare dolore, si accorgerà troppo tardi di essere malata. E lo stesso accade per la vergogna. Come il dolore, così la vergogna è un sintomo, e chi non è in grado di provarla – siano singoli o collettività più o meno vaste – rischia di scoprire troppo tardi di avere contratto una grave malattia morale.

Qualsiasi buon professionista della salute mentale potrebbe dirci che le esperienze vergognose, quando vengono accettate, accrescono la consapevolezza e la capacità di miglioramento, e costituiscono pertanto fattori di crescita. Diversamente dalla colpa, la vergogna può permettere a chi la prova di migliorare se stesso, di rifondarsi.

Quando invece le esperienze che portano vergogna vengono negate o rimosse, provocano lo sviluppo di meccanismi difensivi che isolano progressivamente dall'esterno, inducono a respingere ogni elemento dissonante rispetto alla propria patologica visione del mondo, e così attenuano il principio di realtà fino ad abolirlo del tutto. La capacità di provare vergogna decade con la decadenza della civilizzazione. E la mancanza della vergogna accelera questa decadenza, perché la capacità di provare vergogna (individuale e collettiva) è un elemento fondativo di tutte le aggregazioni sociali.

Nella politica italiana degli ultimi anni, vergogna è parola molto utilizzata. Di norma, al negativo: per escludere, sempre e comunque, di avere alcuna ragione di vergogna. O per intimare agli avversari, di regola con linguaggio e toni violenti, di vergognarsi.

La forma verbale "vergognatevi", o il più indiretto "dovrebbe/dovrebbero vergognarsi", è stata spesso utilizzata nei confronti di due categorie: i giornalisti, che fanno il loro lavoro raccogliendo notizie, formulando domande e informando il pubblico, e i magistrati, che, analogamente, fanno il loro lavoro raccogliendo notizie, ponendo domande e, se del caso, formulando accuse e redigendo sentenze.

Già nel 2006, Silvio Berlusconi abbandonava lo studio di una trasmissione televisiva intimando alla conduttrice Lucia Annunziata, che faceva il suo lavoro rivolgendogli domande sul tema del conflitto d'interessi, di "vergognarsi".

Oltre dieci anni dopo, ha detto Salvini riferendosi a un processo in cui era indagato: "È una vergogna. Vorrei sapere quanto costano queste indagini al popolo italiano, in uomini, in tempi sottratti a indagini su argomenti veri e seri, su criminali veri".

* * *

Carlo Ginzburg ha isolato un manipolo di parole utili per capire il nostro tempo: distanza, "avvocato del diavolo", terrore, e, appunto, vergogna. Ha illustrato l'ultima parola con questo esempio: "Io mi vergogno di Berlusconi, non per Berlusconi". Perché la vergogna non ha necessariamente a che fare con la colpa individuale – lo mette in luce la pagina di Primo Levi che abbiamo ricordato prima –: è un sentimento indotto anche dalla comune appartenenza, come sapeva bene Hannah Arendt. Al genere umano, ma anche a una stessa nazione. C'è qualcuno che, in nome di una comune appartenenza, e senza alcuna colpa individuale, non ha perso la capacità di vergognarsi al posto di chi dovrebbe, ma non sa farlo.

La vergogna, il pudore, la paura dell'ignominia proteggono – dovrebbero proteggere – l'uomo, e ancor più l'uomo politico, dalla violazione dei codici etici, interiori ed esteriori. In questo senso *vergogna* è – dovrebbe essere – una parola politica. Nella popolazione nomade dei Puels, come ricorda Belpoliti, la vergogna permette la reintegrazione della persona nel gruppo, ed è dunque un fattore di controllo e pacificazione sociale. Ovunque, essa permette di ricostruire, o almeno di migliorare se stessi. La vergogna si prova – scrive Aristotele nella *Retorica* – per le cose che "hanno rapporto con la legge". Non a caso ancora Aristotele, nell'*Etica Nicomachea*, subito dopo aver trattato il tema della vergogna, dichiara: "Ora parliamo della giustizia".

7.
Giustizia

Nel mito platonico della generazione del mondo raccontato nel *Protagora*, gli dèi affidano a Prometeo e a Epimeteo il compito di assegnare opportunamente le facoltà a ciascuna stirpe mortale. Epimeteo si incarica della distribuzione, e persuade Prometeo a verificare soltanto il suo operato. Epimeteo, "che non era troppo sapiente", inizia dagli animali, e conferisce ad alcuni forza, ad altri velocità; la possibilità di mettersi in salvo con le ali ad alcuni, di nascondersi sotto terra ad altri; assegna poi zoccoli, pelli, peli, a ciascuna razza secondo le sue necessità. Ma non si accorge di aver esaurito tutte le facoltà con gli animali e di aver lasciato l'uomo "nudo, scalzo, scoperto e inerme". E dunque Prometeo, per offrire comunque all'uomo uno strumento di salvezza, ruba a Efesto e ad Atena il fuoco e l'arte di servirsene: "In tal modo, l'uomo ebbe la sapienza tecnica necessaria per la vita, ma non ebbe la sapienza politica, perché questa si trovava presso Zeus". Privi di sapienza politica, gli uomini "cercavano di raccogliersi insieme e di salvarsi fondando città: ma, allorché si raccoglievano insieme, si facevano ingiustizie l'un l'altro, perché non possedevano l'arte politica, sicché, disperdendosi nuovamente, perivano".

Zeus, pertanto, incarica Ermes di portare agli uomini Aidós e Dike: il rispetto – prossimo e connaturato alla vergogna, come abbiamo detto – e la giustizia terrena, "princìpi ordinatori di città e legami produttori di amicizia". Senza di essi, senza queste due virtù non esiste la politica. Ed è molto suggestivo il modo in cui Zeus ordina a Ermes di assegnarle agli uomini: "Allora Ermes domandò a Zeus in quale modo dovesse dare agli uomini la giustizia e il rispetto: 'Devo distribuire questi come sono state distribuite le arti? Le arti furono distribuite in questo modo: uno solo che possiede l'arte medica basta per molti che non la posseggono, e così è anche per gli altri che posseggono un'arte. Ebbene, anche la giustizia e il rispetto debbo distribuirli agli uomini in questo modo, oppure li debbo distribuire a tutti quanti?'. E Zeus rispose: 'A tutti quanti. Che tutti quanti ne partecipino, perché non potrebbero sorgere città, se solamente pochi uomini ne partecipassero, così come avviene per le altre arti. Anzi, poni come legge in mio nome che chi non sa partecipare del rispetto e della giustizia venga ucciso come un male della città'".

Nel racconto platonico, l'arte politica consiste nell'esercizio del rispetto e della giustizia: essi sono i fondamenti della civile convivenza e debbono essere posseduti da tutti i cittadini. Chi non sa parteciparne è "un male della città".

Curiosamente, chi è incapace di provare vergogna non frequenta volentieri neppure la giustizia. La rifugge, nei modi e con gli espedienti più vari. Denigra coloro che la esercitano e la rappresentano. Cerca di modificare le leggi per piegarle alle proprie esigenze e ai suoi voleri personali.

Scrive Giorgio Scerbanenco in *Venere privata*: "Oggi ci sono i banditi con l'ufficio legale a latere. [...] Vogliono che gli altri stiano al gioco, alle regole, ma loro non ci vogliono stare".

Il romanzo di Scerbanenco è del 1966 e la sua frase è sinistramente profetica. Nei primi anni duemila il Parlamento italiano ha ripetutamente approvato leggi di tipologia inusuale per una democrazia avanzata e per uno stato di diritto: le cosiddette leggi *ad personam*. In queste leggi il perseguimento di interessi privati deforma e stravolge la funzione propria del potere legislativo, che consiste – *dovrebbe* consistere – nell'elaborare provvedimenti di contenuto generale, non destinati a risolvere specifiche controversie nell'interesse personale di specifici soggetti.

La nostra riflessione sulla parola *giustizia* non potrà che trarre profitto da una rapida panoramica dei più significativi fra questi provvedimenti di legge.

Nel 2001 veniva approvata la legge numero 367 che, nel tentativo di rendere assai difficile l'utilizzabilità di prove acquisite attraverso una rogatoria internazionale, mirava a impedire l'accertamento del reato di corruzione in atti giudiziari commesso da Cesare Previti, già ministro della Difesa nel primo governo Berlusconi nonché suo amico e avvocato personale.

Sempre nel 2001, con la legge numero 61, veniva depenalizzato il grave reato di falso in bilancio, allo scopo – effettivamente conseguito – di consentire l'assoluzione di Berlusconi, che di quel delitto era imputato in due processi.

Nel 2002 veniva approvata la legge numero 248 sul cosiddetto legittimo sospetto, finalizzata al tentativo di rallentare e paralizzare i processi nei quali erano imputati Berlusconi e Previti.

Nel 2003 veniva approvata la legge numero 140, denominata lodo Schifani, normativa esplicitamente (e, direi, brutalmente) diretta a impedire la celebrazione di ogni processo a carico dell'imputato Berlusconi. La legge veniva dichiarata incostituzionale dalla sentenza della Consulta numero 13 del 2004.

A proposito di manipolazione orwelliana del linguaggio è interessante notare l'uso, del tutto improprio ma terribilmente efficace, della parola *lodo*, con riferimento a questa legge. Per il Devoto-Oli il lodo è una "formula di transazione o di compromesso in una controversia, proposta da una persona di riconosciute imparzialità e autorevolezza".

Risulta piuttosto arduo individuare anche uno solo di questi requisiti nel cosiddetto lodo Schifani e nella vicenda che portò alla sua approvazione. Non si trattava di un compromesso o di una transazione (non esistendo peraltro alcuna controversia da comporre), ma di una brutale imposizione della maggioranza di destra, con grave violazione del principio di uguaglianza dei cittadini. Il proponente era persona di riconosciuta parzialità. La sua autorevolezza era oggetto di opinioni alquanto divergenti.

La definizione di lodo, per la legge Schifani, era dunque tecnicamente errata. Non è dato sapere quanto tutti i protagonisti della vicenda politica, da una parte e dall'altra dello schieramento, fossero consapevoli di questo slittamento semantico. Certo è che dal punto di vista della propaganda, della manipolazione dell'opinione pubblica, essa fu una mossa tanto spregiudicata quanto efficace. Chiamando lodo ciò che lodo non era, infatti, si comunicava falsamente un'idea di bonaria, imparziale, autorevole sistemazione di una controversia, con reciproca soddisfazione delle parti in causa.

La vicenda della legge Schifani è quasi un simbolo della resistibile conquista del linguaggio – e dunque della politica – realizzata dalla destra nel nostro Paese negli ultimi trent'anni. Le opposizioni avrebbero dovuto ribellarsi all'uso di quella parola – lodo – svelandone il carattere demagogico, manipolatorio e ingannevole. Esse invece (così come in altri casi, per altri slogan di allora e di oggi) la recepirono acriticamente, accettarono la discussione nel perimetro linguistico delimitato dall'avversario e così indebolirono, senza esserne consapevoli, l'efficacia del loro discorso e la forza dei loro argomenti.

Nel 2003 il governo adottava un decreto-legge – il numero 352 – specificamente ed esclusivamente concepito per garantire la sopravvivenza di Rete 4, appartenente a Berlusconi. Il disegno sotteso a tale provvedimento veniva completato nel 2004 con la cosiddetta legge Gasparri (la numero 112), intitolata, formalmente, al riordino del sistema televisivo ma, in realtà, volta alla stabilizzazione della situazione dominante di un singolo imprenditore televisivo.

Nel 2005 veniva approvata una legge (la numero 251) con la quale si contraevano i termini di prescrizione dei reati. Il provvedimento determinò l'estinzione per prescrizione di vari delitti – fra i quali la corruzione aggravata – per i quali era imputato, in vari processi, il presidente del Consiglio Berlusconi.

Nel 2008 veniva approvato, con la legge numero 124, il cosiddetto lodo Alfano. Sulla disonesta improprietà della definizione di questo provvedimento basta richiamare le considerazioni già svolte a proposito del cosiddetto lodo Schifani. La legge numero 124/2008 riproponeva, con qualche poco rilevante modifica, i contenuti della legge Schifani. Fu emanata all'unico, palese e finanche dichiarato scopo di sottrarre Berlusconi ai processi e in particolare a quello per corruzione in atti giudiziari – del quale abbiamo già parlato nel capitolo 2 – in cui era imputato insieme con l'avvocato Mills. Anche questa legge è stata cancellata, nell'ottobre 2009, dalla Corte costituzionale.

Nel 2010 veniva adottata, con la legge numero 51, la disciplina del cosiddetto legittimo impedimento. Dietro questa fuorviante espressione (frutto della medesima strategia linguistica che portò alla elaborazione delle formule "lodo Schifani" e "lodo Alfano"), il provvedimento introduce un'indiscriminata facoltà di richiedere il rinvio dei processi penali a carico dei membri del governo. Ancora una volta si trattava di norme che servivano a sottrarre Berlusconi ai processi penali che lo riguardavano: primo fra tutti, ancora una volta, quello per la corruzione dell'avvocato Mills. La Corte costituzionale ha dichiarato parzialmente illegittima tale normativa, che è stata poi del tutto abrogata in seguito a un referendum nel 2011.

Sempre nel 2010 veniva approvata la legge numero 73, che contiene una norma per cui nei contenziosi con il fisco "il contribuente può estinguere la controversia pagando un importo pari al 5 per cento del suo valore (riferito alle sole imposte oggetto di contestazione, in primo grado, senza tener conto degli interessi, delle indennità di mora e delle eventuali sanzioni)".

In concreto e in termini comprensibili: la norma consentiva alla Mondadori, appartenente al presidente del Consiglio e alla sua famiglia, di estinguere una controversia con il fisco tramite il versamento di 8,6 milioni di euro (cioè il 5 per cento dei 173 accertati dal fisco) in luogo dei circa 350 milioni (comprensivi di sanzioni e interessi) che avrebbe dovuto pagare se la Cassazione – davanti alla quale pendeva il suddetto contenzioso, dopo due decisioni delle Commissioni tributarie favorevoli alla Mondadori – le avesse dato torto.

* * *

Nell'*Epitafio* che Tucidide fa pronunciare a Pericle per i caduti del primo anno della guerra del Peloponneso – ma che, forse, fu scritto quando Atene era ormai caduta, e rappresenta perciò il monumento a un'Atene che non c'è più – il *nomos*, la legge, è il fondamento stesso della democrazia: "Il nostro sistema politico non si propone di imitare le leggi di altri popoli: noi non copiamo nessuno, piuttosto siamo noi a costituire un modello per gli altri. Si chiama democrazia, poiché nell'amministrare si qualifica non rispetto ai pochi, ma alla maggioranza. Le leggi regolano le controversie private in modo tale che tutti abbiano un trattamento uguale".

E, nelle *Supplici*, Euripide indaga a fondo il sistema democratico ateniese, facendo dire a Teseo: "Non c'è nulla di peggio di un tiranno per uno Stato. In primo luogo non ci sono leggi comuni. Comanda uno che si è appropriato della legge. E l'uguaglianza non c'è più".

A proposito dell'attualità dei classici.

* * *

Giustizia è parola che più di altre si presta a definizioni molteplici, a volte antitetiche. In secoli di storia del pensiero il concetto ha conosciuto un numero altissimo di elaborazioni, delle quali è assai difficile anche solo fare l'inventario. Anzitutto, come nel passo di Tucidide, essa si identifica con la legge e con la capacità (di regola altamente formalizzata) dei corpi sociali di comporre in modo pacifico i conflitti: e in ciò ha a che fare con l'attività del giudice, con la giustizia civile e penale.

Connaturale a questa nozione di giustizia è l'idea che tutti i cittadini siano uguali di fronte alla legge; che in una controversia, o in generale nei rapporti con i pubblici poteri, essi vengano trattati alla stessa maniera, secondo regole comuni, leggi scritte promulgate nell'interesse generale, che non siano proprietà esclusiva e abusiva di uno solo "che si è appropriato della legge".

È, questo, il principio di uguaglianza formale di tutti i cittadini davanti alla legge, enunciato dall'articolo 3, comma primo, della nostra Costituzione repubblicana. Ed è il pilastro dello stato di diritto in ogni Paese democratico.

Abbiamo visto come nella storia del nostro Paese la metodica adozione di leggi personali abbia messo in crisi questo principio, ponendo un grave problema di ricostituzione dello stato di diritto e della connessa, quasi elementare, idea di giustizia.

Questo fenomeno patologico e la necessità di ribadire

con argomenti e con forza ciò che dovrebbe essere ovvio e scontato (cioè, appunto, che i cittadini sono *tutti* uguali davanti alla legge, e che non si possono approvare norme finalizzate unicamente alla tutela di un individuo) non devono però distogliere dalla riflessione su un'idea di giustizia più profonda e rivolta al futuro.

La giustizia come uguaglianza, la giustizia come equa ripartizione dei beni, la giustizia come abolizione di ogni forma, palese e occulta, di sfruttamento. Per intenderci, quella cui allude una delle norme più avanzate della nostra Carta costituzionale: il comma secondo dell'articolo 3, per il quale è compito della Repubblica "rimuovere gli ostacoli di ordine economico e sociale, che, limitando di fatto la libertà e l'uguaglianza dei cittadini, impediscono il pieno sviluppo della persona umana e l'effettiva partecipazione di tutti i lavoratori all'organizzazione politica, economica e sociale del Paese".

Nel suo *Una teoria della giustizia*, pubblicato nel 1971 e apparso in Italia all'inizio degli anni ottanta, John Rawls ha scritto: "La giustizia è il primo requisito delle istituzioni sociali, così come la verità lo è dei sistemi di pensiero. Una teoria, per quanto semplice ed elegante, deve essere abbandonata o modificata se non è vera. Allo stesso modo, leggi e istituzioni, non importa quanto efficienti e ben congegnate, devono essere riformate o abolite se sono ingiuste. Ogni persona possiede un'inviolabilità fondata sulla giustizia su cui neppure il benessere della società nel suo complesso può prevalere. Per questa ragione la giustizia nega che la perdita della libertà per qualcuno possa essere giustificata da maggiori benefici goduti da altri".

Rawls sostiene che i princìpi di giustizia, per una società e per le sue istituzioni, debbano corrispondere ai princìpi che risulterebbero da una scelta collettiva effettuata da persone razionali. Egli delinea in modo immaginifico, con un bell'esperimento mentale, i criteri di scelta delle regole su cui dovrebbero fondarsi i parametri di una società giusta.

Rawls ipotizza una situazione iniziale in cui gli individui scelgono i princìpi di giustizia in condizione di assoluta uguaglianza, essendo sprovvisti di informazioni relative al proprio futuro nella società. La scelta si compie, cioè, sotto un "velo di ignoranza": il ricco ignora di essere ricco, il povero ignora di essere povero, e le scelte dell'uno come dell'altro (ad esempio, relativamente alle tasse) non saranno determinate in alcun modo dalla loro posizione nella società, dalle loro dotazioni naturali e sociali, dai loro progetti di vita, che, appunto, essi non conoscono ancora. La teoria della giustizia di Rawls è una teoria dell'equità. Il velo di ignoranza permette un equilibrio ideale: la scelta dei princìpi si fonderà solo su criteri razionali, non su ragioni di convenienza.

I due princìpi di giustizia che ne derivano sono il risultato di un accordo equo, perché conseguito in una condizione iniziale equa. Il primo è il principio dell'uguale sistema delle libertà per le persone, in quanto cittadine di una comunità democratica. Il secondo, strettamente connesso al primo, è il principio di differenza. Esso prescrive che siano giuste e accettabili, e quindi eque, *solo* quelle disuguaglianze che vadano a vantaggio dei gruppi più svantaggiati della società. Sono giuste, accettabili e quindi eque, ad esempio, le norme che attribuiscono priorità a persone con handicap fisici per l'assunzione negli enti pubblici o le norme che prevedono esenzioni tributarie per gli abitanti di zone colpite da calamità naturali.

* * *

Non è un caso che, nella Neolingua di Orwell, le due famiglie di parole più pericolose siano quelle che si raggruppano intorno a *libertà* e a *uguaglianza*: a indicare tutta l'area semantica dell'una e dell'altra, nella Neolingua, basta la parola *psicoreato*.

"Parole che un tempo avevano avuto un significato eretico venivano pur mantenute, talvolta, per via della convenienza, ma il significato sfavorevole era come purgato. Innumerevoli altre parole, come *onore*, *giustizia*, *morale*, *internazionalismo*, *democrazia*, *scienza* e *religione* avevano semplicemente cessato del tutto di esistere. Poche parole avevano la funzione di ricoprirle, e ricoprendole le abolivano. Tutte le parole che si raggruppavano intorno ai concetti di libertà e di uguaglianza, ad esempio, erano contenute nella semplice parola *psicoreato*."

Norberto Bobbio, in *Destra e sinistra*, isolava l'*uguaglianza* come criterio più frequente di differenziazione fra destra e sinistra e come valore proprio della sinistra: laddove, per la destra, all'uguaglianza si oppone la gerarchia.

Alessandro Pizzorno ha poi riconsiderato l'ipotesi di Bobbio suggerendo una diversa polarità: *inclusione/esclusione*, a livelli diversi, in forme ed esiti diversi. Ha commentato Luciano Canfora: "La sinistra, se vuol esser tale, si schiera per l'inclusione, per l'accettazione dell'altro, del diverso, dell'escluso. La destra invece esclude. E tende a serbare la situazione conquistata di benessere o privilegio per i ceti e i gruppi, per le nazionalità, i paesi, le consorterie, che hanno *già* in mano benessere e privilegi".

La riflessione di Canfora, il suo riferimento ai ceti e alle nazionalità che hanno già in mano benessere e privilegi di fronte a quelli che ne hanno meno o non ne hanno affatto, rimanda all'ambito concettuale più importante e delicato entro cui la parola giustizia andrebbe collocata.

I temi della società giusta e di come realizzarla sono infatti questioni cruciali, ma, a ben vedere, parziali ed esse stesse implicitamente ingiuste nel momento in cui circoscrivono agli abitanti di un singolo Paese, ai cittadini di un singolo

Stato, il diritto alla giustizia, all'uguaglianza, alla pari dignità. Lo spunto è presente, con diverse articolazioni, nell'opera di molti pensatori: fra questi Amartya Sen, premiato con il Nobel per avere introdotto – recitava la motivazione – una dimensione etica negli studi di economia. È molto interessante notare come egli, nella sua ricerca e in particolare da ultimo nel suo *L'idea di giustizia*, colleghi la riflessione sull'economia e la giustizia con il tema della felicità.

La domanda che a più riprese e con sempre maggiore frequenza ci si pone è complessa e a un tempo semplice. Che senso ha parlare, interrogarsi, (cercare di) costruire una società giusta, ugualitaria, solidale, se gravemente ingiusto, spietato e popolato di vittime è il mondo di cui questa società è parte? E del resto – a tacere di ogni altra considerazione – come potremmo accettare che l'idea di giustizia rimanga chiusa entro i confini di comunità circoscritte, quando un mercato planetario interferisce nelle vite di tutti e amplifica le disuguaglianze esistenti molto più di quanto non contribuisca a ridurne la violenza?

È la questione della giustizia globale, sulla quale, come ha sottolineato Martha Nussbaum, "le nostre principali teorie della giustizia sono mute, perché concepiscono fin dall'inizio lo stato nazione come la loro unità di base".

Una visione realmente etica, umanistica, della giustizia è quella che dall'uguaglianza formale dei cittadini dinanzi alla legge procede verso l'uguàglianza sostanziale di quegli stessi cittadini – l'uguaglianza delle opportunità – per poi avviarsi verso il difficile ma ineludibile ambito delle questioni relative all'uguaglianza degli umani, senza confini di nazione.

È nell'enorme difficoltà di affrontare tali questioni, di individuare anche solo i modelli teorici per estendere diritti e opportunità al di fuori dei confini degli Stati e delle comunità tradizionali, di dare questo necessario senso alla parola giustizia e nel trarne le conseguenze, che si definisce una delle sfide fondamentali dell'umanità. Anzi, probabilmente, *la* sfida fondamentale.

Una sfida la cui enorme difficoltà può provocare reazioni diametralmente opposte. La rassegnazione o il suo contrario: la ribellione.

Può sembrare paradossale, ma la parola giustizia non può fare a meno della parola ribellione.

8.
Ribellione

"Quasi tutte le rivoluzioni che hanno mutata la fisionomia dei popoli sono state fatte per consacrare o per distruggere la disuguaglianza. Scartate le cause secondarie che hanno prodotto le grandi agitazioni, e arriverete quasi sempre alla disuguaglianza" scriveva Alexis de Tocqueville.

La parola ribellione evoca, immediatamente, la violenza fisica, il capovolgimento brutale dell'ordine delle cose. In apparenza, essa sembra rinviare all'opposto della legge, come suggeriscono i dizionari. Ma, forse, in questo caso più che negli altri è utile verificare qual è il suo contrario. I suoi contrari, anzi, più significativi: *repressione*, *obbedienza*, *rassegnazione*. E, io aggiungerei, *tirannia*.

Rivendicando il diritto all'obiezione di coscienza, don Lorenzo Milani così scriveva ai cappellani militari toscani: "Diteci esattamente cosa avete insegnato ai soldati. L'obbedienza a ogni costo? E se l'ordine era il bombardamento dei civili, un'azione di rappresaglia su un villaggio inerme, l'esecuzione sommaria dei partigiani, l'uso delle armi atomiche, batteriologiche, chimiche, la tortura, l'esecuzione d'ostaggi, i processi sommari per semplici sospetti, le decimazioni (scegliere a sorte qualche soldato della Patria e fucilarlo per incutere terrore negli altri soldati della Patria), una guerra di evidenti aggressioni, l'ordine d'un ufficiale ribelle al popolo sovrano, le repressioni di manifestazioni popolari? [...] Ma in questi cento anni di storia italiana c'è stata anche una guerra 'giusta' (se guerra giusta esiste). L'unica che non fosse offesa delle altrui Patrie, ma difesa della nostra: la guerra partigiana. Da un lato c'erano dei civili, dall'altra dei militari. Da un lato soldati che avevano obbedito, dall'altra soldati che avevano obiettato. Quali dei due contendenti erano, secondo voi, i 'ribelli', quali i 'regolari'?".

E spiega, con parole che continuano a dare i brividi, come talvolta la legge stabilita non esaurisca tutti i casi possibili; come la politica – che pure, come abbiamo detto, dovrebbe essere rispetto delle regole – possa talvolta proiettarsi verso il futuro e ribellarsi alla legge ingiusta. Di come possa essere "amore costruttivo per la legge": "La scuola è diversa dall'aula del tribunale. Per voi magistrati vale solo ciò che è legge stabilita. La scuola invece siede fra il passato e il futuro e deve averli presenti entrambi. È l'arte delicata di condurre i ragazzi su un filo di rasoio: da un lato formare in loro il senso della legalità (e in questo somiglia alla vostra funzione), dall'altro la volontà di leggi migliori cioè di senso politico (e in questo si differenzia dalla vostra funzione). La tragedia del vostro mestiere di giudici è che sapete di dover giudicare con leggi che ancora non son tutte giuste. [...] non posso dire ai miei ragazzi che l'unico modo d'amare la legge è d'obbedirla. Posso solo dir loro che essi dovranno tenere in tale onore le leggi degli uomini da osservarle quando sono giuste (cioè quando sono la forza del debole). Quando invece vedranno che non sono giuste (cioè quando sanzionano il sopruso del forte) essi dovranno battersi perché siano cambiate".

Don Milani individua una traccia di giusta ribellione nella Costituzione italiana: un testo che, per sua natura, per essere il fondamento ideale e giuridico dello stato di diritto, parrebbe alieno da ogni forma di ribellione. Eppure, nell'articolo 11 – "L'Italia ripudia la guerra come strumento di offesa alla libertà degli altri popoli" – il verbo *ripudiare* "abbraccia il passato e il futuro. È un invito a buttar tutto all'aria: all'aria buona". Bisogna avere "il coraggio di dire ai giovani che essi sono tutti sovrani, per cui l'obbedienza non è ormai più una virtù, ma la più subdola delle tentazioni, che non credano di potersene far scudo né davanti agli uomini né davanti a Dio, che bisogna che si sentano ognuno l'unico responsabile di tutto".

Ribellione, dunque, come forma della responsabilità, dell'etica della responsabilità. Ribellione come scrittura e racconto del proprio destino, come esperienza di autonomia e affrancamento da una condizione di schiavitù. Una schiavitù che può essere anzitutto mentale: "Riscattatevi dalla schiavitù mentale: solo noi possiamo liberare la nostra mente" canta Bob Marley in *Redemption Song* (dove *redemption* significa anzitutto *redenzione*, ma anche *liberazione* dalla schiavitù).

E la ribellione è, anche, redenzione dalla vergogna, come ricorda Primo Levi in una pagina di insopportabile bellezza: là dove racconta la fine tragica e gloriosa dell'"Ultimo", di uno dei pochi che si ribellarono alle leggi del Lager, dell'unico dei compagni di prigionia che prese parte "in qualche modo" alla rivolta.

> Il mese scorso, uno dei crematori di Birkenau è stato fatto saltare. Nessuno di noi sa (e forse nessuno saprà mai) come esattamente l'impresa sia stata compiuta: si parla del Sonderkommando, del Kommando Speciale addetto alle camere a gas e ai forni, che viene esso stesso periodicamente sterminato, e che viene tenuto scrupolosamente segregato dal resto del campo. Resta il fatto che a Birkenau qualche centinaio di uomini, di schiavi inermi e spossati come noi, hanno trovato in se stessi la forza di agire, di maturare i frutti del loro odio.
>
> L'uomo che morrà oggi davanti a noi ha preso parte in qualche modo alla rivolta. Si dice che avesse relazioni cogli insorti di Birkenau, che

abbia portato armi nel nostro campo, che stesse tramando un ammutinamento simultaneo anche tra noi. Morrà oggi sotto i nostri occhi: e forse i tedeschi non comprenderanno che la morte solitaria, la morte di uomo che gli è stata riservata, gli frutterà gloria e non infamia.
Quando finì il discorso del tedesco, che nessuno poté intendere, di nuovo si levò la prima voce rauca: – Habt ihr verstanden? – (Avete capito?).
Chi rispose "Jawohl"? Tutti e nessuno: fu come se la nostra maledetta rassegnazione prendesse corpo di per sé, si facesse voce collettivamente al di sopra dei nostri capi. Ma tutti udirono il grido del morente, esso penetrò le grosse antiche barriere di inerzia e di remissione, percosse il centro vivo dell'uomo in ciascuno di noi:
– Kameraden, ich bin der Letzte! – (Compagni, io sono l'ultimo!).
Vorrei poter raccontare che di fra noi, gregge abietto, una voce si fosse levata, un mormorio, un segno di assenso. Ma nulla è avvenuto. Siamo rimasti in piedi, curvi e grigi, a capo chino, e non ci siamo scoperta la testa che quando il tedesco ce l'ha ordinato. La botola si è aperta, il corpo ha guizzato atroce; la banda ha ripreso a suonare, e noi, nuovamente ordinati in colonna, abbiamo sfilato davanti agli ultimi fremiti del morente.
Ai piedi della forca, le SS ci guardano passare con occhi indifferenti: la loro opera è compiuta, e ben compiuta. I russi possono ormai venire: non vi sono più uomini forti fra noi, l'ultimo pende ora sopra i nostri capi, e per gli altri, pochi capestri sono bastati. Possono venire i russi: non troveranno che noi domati, noi spenti, degni ormai della morte inerme che ci attende.
Distruggere l'uomo è difficile, quasi quanto crearlo: non è stato agevole, non è stato breve, ma ci siete riusciti, tedeschi. Eccoci docili sotto i vostri sguardi: da parte nostra nulla più avete a temere: non atti di rivolta, non parole di sfida, neppure uno sguardo giudice.
Alberto ed io siamo rientrati in baracca, e non abbiamo potuto guardarci in viso. Quell'uomo doveva essere duro, doveva essere di un altro metallo del nostro, se questa condizione, da cui noi siamo stati rotti, non ha potuto piegarlo.

* * *

George Steiner e José Saramago hanno scelto *No* come prima parola di un ideale lessico necessario.

Una delle parole "più semplici e corte del vocabolario", osserva il primo. La parola "più urgente ed essenziale", la "più selvaggia del vocabolario, secondo Emily Dickinson", dice il secondo.

È un'arte difficile e perduta, quella di dire no. "No alla brutalità della politica, no alla follia delle ingiustizie economiche che ci circondano, no all'invasione della burocrazia nella nostra vita quotidiana. No all'idea che si possano accettare come normali le guerre, la fame, la schiavitù infantile. C'è un bisogno enorme di tornare a pronunciare quella parola. E invece ne siamo incapaci." Per acquiescenza, per scetticismo, per pura pigrizia.

Non è mera negazione: il *no* può avere valore propositivo, costruttivo, creativo. È creativo, è potenza pura anche il no dall'apparenza nichilista di Bartleby lo scrivano, il personaggio di Melville che a ogni richiesta dell'avvocato di Wall Street, suo datore di lavoro, risponde gradualmente, inesorabilmente: "Preferirei di no", *I would prefer not to.*

È, il suo, un no alla richiesta di copiare pedissequamente – "una operazione molto noiosa, opprimente, soporifera" – carte e documenti, un no mosso da una volontà artistica e creativa che per paradosso si indovina sotto l'immobilità di Bartleby, sotto la sua figura "così sbiadita nella sua decenza, miserabile nella sua rispettabilità, così disperata nella sua solitudine". Ed è un no al mondo stesso dell'avvocato, al mondo senza luce e senza pietà di Wall Street. Ogni rivoluzione nasce da un no: "allo status quo, agli interessi costituiti, al conformismo, al dominio o addirittura alla dittatura".

Albert Camus ha molto insistito sul valore collettivo della rivolta, che riunisce, raccoglie, rianima. E ha identificato la capacità umana di ribellione con il *cogito* cartesiano: "Nell'esperienza, assurda, la sofferenza è individuale. A principiare dal moto di rivolta, essa ha coscienza di essere collettiva, è avventura di tutti. Il primo progresso di uno spirito intimamente straniato sta dunque nel riconoscere che questo suo sentirsi straniero, lo condivide con tutti gli uomini, e che la realtà umana, nella sua totalità, soffre di questa distanza rispetto a se stessa e al mondo. Il male che un solo uomo provava diviene peste collettiva. In quella che è la nostra prova quotidiana, la rivolta svolge la stessa funzione del 'cogito' nell'ordine del pensiero: è la prima evidenza. Ma questa evidenza trae l'individuo dalla sua solitudine. È un luogo comune che fonda su tutti gli uomini il primo valore. Mi rivolto, dunque siamo".

Ribellione può significare cose molto diverse. Una possibile forma di ribellione allude al narcisistico rifiuto delle regole: fare quello che si vuole, ammantando questo atteggiamento egoistico di una immagine eroica.

Come scrive Miguel Benasayag, filosofo e psicanalista argentino, l'ideologia del ribelle si fonda su tre enunciati: non rispetto niente, credo che tutto sia possibile, posso cambiare tutto. Senza alcun ancoraggio a un sistema di valori, senza alcuna consapevolezza di metodo, che, in un sistema democratico, deve essere solo quello della non violenza. È, questa, l'idea nichilista della ribellione che unifica in un inquietante sodalizio i black bloc, i movimenti di rivolta fiscale, tutti i terrorismi, gli sfrenati neoliberismi e le orde di scalmanati che, su istigazione dell'ex presidente Trump, a Washington assalirono il Campidoglio il 6 gennaio 2021.

Già i Greci sapevano – come ricorda la Arendt in un passo che è un elogio della parola esatta – che "l'azione più politica, in quanto rimane estranea alla sfera della violenza, si realizza nel discorso, ma anche [...] trovare le parole opportune al momento opportuno, indipendentemente da quanto esse vogliano informare o comunicare, significa agire. Solo la mera violenza è muta, e per questa ragione soltanto essa non può mai essere grande. [...] Essere politici, vivere nella *polis*, voleva dire che tutto si decideva con le parole e la persuasione e non con la forza e la violenza. Nella concezione greca, costringere gli altri con la violenza e imporre invece di persuadere costituivano relazioni prepolitiche caratteristiche della vita fuori della *polis*, di quella domestica e familiare, dove il capofamiglia dettava legge con incontestato potere dispotico, o di quella degli imperi barbarici dell'Asia".

Come nelle drammatiche storie dei ragazzi disadattati o degli isolani di Tahiti, la violenza è muta, ed è conseguenza della miseria di parole.

L'idea di ribellione a cui mi piace pensare è invece ancorata in primo luogo ai valori della giustizia sociale e globale. E anche ad altri, in realtà: perché possiamo ribellarci alla volgarità dell'arte o della letteratura, al degrado delle città e della vita pubblica, alla corruzione delle istituzioni.

Possiamo – e probabilmente *dobbiamo* – ribellarci sempre, e in qualsiasi campo. Anche alla manipolazione delle parole: perché già solo chiamare le cose con il loro nome è un atto rivoluzionario.

Il criterio è dato da un sistema di valori, etici, civili, estetici, che operino come strumenti di scrutinio per l'esercizio dei poteri: economici, religiosi, professionali, culturali, politici. Poteri che si esercitano sui corpi o poteri che si esercitano sulle anime. Quando questo sistema viene attaccato, violato, messo in pericolo, ribellarsi è sano, necessario, indispensabile. È un gesto di autonomia e di responsabilità: dunque, un gesto di umanità. E il modo, l'unico modo, è la non violenza.

* * *

Il 3 gennaio del 2008, dopo la vittoria – inattesa e sorprendente – alle primarie democratiche in Iowa, in un discorso memorabile, Barack Obama ha detto: "Il nostro destino è scritto non *per* noi, ma *da* noi".

> Speranza. La speranza è ciò che mi ha portato fin qui oggi. Con un padre del Kenya, con una madre del Kansas, con una storia che poteva accadere solo negli Stati Uniti d'America. La speranza è il fondamento del nostro Paese. La convinzione che il nostro destino sarà scritto non per noi, ma da noi, da tutti gli uomini, da tutte le donne che non vogliono accontentarsi del mondo com'è: che hanno il coraggio di rifare il mondo come dovrebbe essere.*

Meno di un anno dopo, a novembre, il mattino successivo alla sua elezione, in Italia i giornali titolavano: *Il mondo è cambiato*. Così, semplicemente.

Con l'autonomia, con la responsabilità, con la capacità di ricordare il passato e raccontarlo, con l'arte e il coraggio di leggere e raccontare le storie, possiamo cambiare il mondo, immaginare – cercare – di rifarlo come dovrebbe essere. Per riuscirci, dobbiamo mantenere viva la capacità di ribellarci al mondo "as it is", così com'è. Avere il coraggio di essere rivoluzionari, di dire no.

La ribellione è il contrario dell'obbedienza ottusa, a ogni costo, della rassegnazione all'ingiustizia, all'iniquità, allo squallore. È capacità di esercitare il ripudio – dell'ingiustizia, dell'iniquità, dello squallore – che è sancito anche dalla Costituzione. Ribellione è responsabilità, autonomia, affrancamento. È rimedio contro la bruttezza, l'umiliazione, la perdita di dignità.

La ribellione è la via per la bellezza.

* "Hope – hope is what led me here today. With a father from Kenya, a mother from Kansas and a story that could only happen in the United States of America. Hope is the bedrock of this nation. The belief that our destiny will not be written for us, but by us, by all those men and women who are not content to settle for the world as it is, who have the courage to remake the world as it should be."

9.
Bellezza

"Che cos'è un uomo in rivolta? Un uomo che dice no." Così inizia *L'uomo in rivolta*, il celebre saggio in cui Albert Camus riflette sulla ribellione e la violenza. E prosegue: "Ma se rifiuta, non rinuncia tuttavia: è anche un uomo che dice di sì, fin dal suo primo muoversi. Uno schiavo che in tutta la sua vita ha ricevuto ordini, giudica ad un tratto inaccettabile un nuovo comando. Qual è il contenuto di questo 'no'? Significa, ad esempio, 'le cose hanno durato troppo', 'fin qui sì, al di là no', 'vai troppo in là' e anche 'c'è un limite oltre il quale non andrai'. Insomma, questo no afferma l'esistenza di una frontiera".

E, verso la conclusione, osserva: "La bellezza, senza dubbio, non fa le rivoluzioni. Ma viene il giorno in cui le rivoluzioni hanno bisogno di lei. La sua norma, che nell'atto stesso di contestare il reale gli conferisce unità, è anche quella della rivolta. [...] Mantenendo la bellezza, prepariamo quel giorno di rinascita in cui la civiltà metterà al centro delle sue riflessioni, lungi dai princìpi formali o dai valori sviliti della storia, quella virtù viva che fonda la comune dignità del mondo e dell'uomo, e che dobbiamo ora definire di fronte a un mondo che la insulta".

Egli riflette a lungo, anche nei *Taccuini*, sul rapporto tra ribellione, bellezza, giustizia e uguaglianza: "Sembra che oggi scrivere una poesia sulla primavera equivalga a servire il capitalismo. Io non sono un poeta, ma se fosse bella saprei godere di un'opera simile senza riserve. Si serve l'uomo nella sua totalità o non lo si serve per nulla. E se l'uomo ha bisogno di pane e di giustizia e se si deve fare quanto occorre per soddisfare questo bisogno, egli ha anche bisogno della bellezza pura, che è il pane del suo cuore".

La bellezza non è dunque un ornamento. È una forma di salvezza e insieme una categoria morale. È il sintomo, o forse, più precisamente, il farsi visibile e concreto del bene morale.

Bellezza è giustizia, come nell'antichità, come nel Rinascimento. Lo spiega bene Luigi Zoja quando scrive: "Nelle sue forme più antiche, il bene assoluto era *composto inseparabilmente da giustizia e bellezza*. Ma è un vincolo perfettamente attuale: ancor oggi, per il nostro inconscio far scempio della bellezza è massima ingiustizia".

E, si potrebbe aggiungere, l'ingiustizia, il comportamento immorale, il male sono sempre, anche, violazioni di un codice profondo di bellezza.

I contrari di *bellezza* sono, quasi sempre, parole che pertengono alla sfera etica quanto alla sfera estetica: *bruttura*, *orrore*; *grossolanità*, *sgradevolezza*, *sconcezza*; soprattutto, il concetto vasto, e applicabile a molti campi dell'agire umano, di *squallore*.

La bellezza – le bellezze – ha una funzione vitale, che è anzitutto etica. Lo mette bene in luce John Keating, il protagonista del film *L'attimo fuggente*: "Non leggiamo e scriviamo poesie perché è carino; noi leggiamo e scriviamo poesie perché siamo membri della razza umana, e la razza umana è piena di passione. Medicina, legge, economia, ingegneria sono nobili professioni, necessarie al nostro sostentamento. Ma la poesia, la bellezza, il romanticismo, l'amore, sono queste le cose che ci tengono in vita".

È una frase emozionante, pur nella sua ingenua, inevitabile retorica hollywoodiana.

Ed è una frase che enuncia una fondamentale verità: il bello non è *carino*, e meno che mai è "interessante" (concetto, quest'ultimo, consumistico, ha scritto Susan Sontag): il bello "risveglia e approfondisce in noi il senso della vastità e della pienezza del reale".

E dunque è giudizio, è critica, dà senso e spessore alle nostre affinità, alle nostre passioni, alle scelte.

Non a caso un rapido appunto di Camus, nei *Taccuini*, registra: "Estetica della rivolta. Lo stile nobile e la bella forma, espressioni della rivolta più alta". La ribellione diventa, così, esercizio di critica e progetto: di bellezza del pensiero, della scrittura, della scienza, dell'arte, delle città. La ribellione non è solo civile, è anche estetica, definisce nuovi sistemi di valori estetici: che non devono essere un imbroglio, non devono essere arbitrari, ma vanno cercati e rifondati con onestà.

Nel discorso di accettazione del Nobel che ho già ricordato, Nadine Gordimer evoca una frase di Gabriel García Márquez: "Il modo migliore in cui uno scrittore può servire la rivoluzione è scrivere il meglio che può". Senza imbrogli, senza scorciatoie, dicendo la verità.

E nel suo saggio *Ipotesi sulla bellezza*, Susan Sontag scrive: "Si ritiene di solito che la bellezza sia, quasi tautologicamente, una categoria estetica, e che perciò si ponga, a detta di molti, in rotta di collisione con l'etica. Ma la bellezza, anche quella che non ha nulla a che fare con i giudizi morali, non è mai pura e semplice. E l'attribuzione della bellezza non è mai scevra da valori morali. Etica ed estetica non sono affatto agli antipodi, come insistevano Kierkegaard e Tolstoj: il progetto estetico è quasi di per sé un progetto morale. [...] E oserei dire che il tipo di saggezza che scaturisce da una vita dedicata ad un profondo impegno in questioni estetiche non può essere equiparata a nessun altro genere di serietà".

La saggezza di cui parla la Sontag è capacità di osservare criticamente il reale, di ribellarsi allo squallore. È giudizio, progetto, etica. È, dunque, capacità di scelta.

10.
Scelta

Scelta è parola diversa da tutte quelle che abbiamo esaminato finora. Per rendersene conto basta aprire il vocabolario e constatare che essa ha numerosi sinonimi, ma nessun contrario.

Ho già ricordato l'articolo 3 della Costituzione, che affida alla Repubblica il compito di "rimuovere gli ostacoli di ordine economico e sociale, che, limitando di fatto la libertà e l'uguaglianza dei cittadini, impediscono il pieno sviluppo della persona umana". Rimuovere cioè gli ostacoli che impediscono l'esercizio della scelta. Compito della Repubblica è dunque creare le condizioni perché tutti possano scegliere liberamente.

Perché – è ovvio ma conviene lo stesso ricordarlo – la facoltà di scelta si nutre della libertà, anzi *delle* libertà, intese in una accezione profonda, solidale, empatica.

Libertà dal bisogno, libertà dalla malattia, libertà dal sopruso dei criminali e dalla sopraffazione dei pubblici poteri, libertà dallo sfruttamento (di cui questi anni ci offrono esempi sempre più frequenti, anche nelle cosiddette democrazie avanzate come la nostra), libertà dall'ignoranza, libertà dall'altrui pretesa di imporre convinzioni religiose o morali e di interferire in ambiti intimi, privatissimi e riservati.

Le questioni fondamentali della politica non sono, a me

pare, la libertà, la giustizia, l'uguaglianza. Si tratta di temi importanti ma, in qualche misura, derivati. La questione fondamentale è la *scelta*, cioè *chi* sceglie *cosa*, per chi e in base a quali criteri.

Ci siamo fermati a lungo sul significato e l'etimologia di *logos*, e abbiamo osservato come nel verbo *lego* coesistano due valori in apparenza lontani.

Il verbo *lego* indica, infatti, le azioni del raccontare, del parlare: ma, anche e prima ancora, del mettere insieme, del raccogliere, del disporre le cose – e le idee – l'una accanto all'altra secondo un ordine razionale: scegliere è, dunque, dare forma all'indefinito.

L'etimologia ci offre un'intuizione inattesa e illuminante: *dire* (o raccontare) e *scegliere* sono azioni, nella loro intima essenza, straordinariamente simili.

La *parola* ha in sé, nella sua radice, un potere vastissimo: essa crea e definisce la nostra rappresentazione del mondo, e dunque il nostro mondo, così come siamo capaci di conoscerlo.

Allo stesso modo, l'atto della scelta trasforma la potenza in atto e dà forma a ciò che è indefinito. E, nel definirlo, trasforma, *cambia* il mondo. Sia esso il nostro mondo privato e interiore o quello esterno, in cui entriamo in rapporto con i nostri simili.

Scegliere – e dire – implica il passaggio da ciò che è indistinto a qualcosa cui possiamo dare un nome. Dall'ignoto alla conoscenza, dalla sofferenza indecifrabile, come quella dei nativi tahitiani, alla possibile salvezza. Scelta significa progetto, promessa e (tentativo di) controllo sul futuro e sul caso. Come ha scritto Hannah Arendt: "Rimedio all'imprevedibilità, alla caotica incertezza del futuro, è la facoltà di fare e mantenere delle promesse", cioè di progettare coraggiosamente il futuro.

Dovremmo poter scegliere come far nascere, come vivere,

e, nel caso di vite che hanno esaurito la loro parabola, come lasciar andare con rispetto. Non è questa – *lasciar andare* – una locuzione scelta a caso. Le ultime parole di Giovanni Paolo II, riferite nel resoconto ufficiale degli Atti della sede apostolica, sono state: "*lasciatemi andare* alla casa del Padre".

Le politiche della paura, le culture dell'esclusione, etnica, culturale, sociale, e della sopraffazione mascherate sotto il velo di princìpi etici e religiosi o di fittizie identità nazionali contraddicono quella stessa idea di libertà cui a volte dicono di ispirarsi. Esse violano il principio dell'autonomia delle persone, intese come soggetti capaci di scegliere, e naturalmente titolari del *diritto* di scegliere.

Diritto che acquista una dimensione etica di massima suggestione quando riguarda chi sembra inchiodato da un fato sovrastante. Ci sono momenti in cui quello che accade sfugge al nostro controllo, in cui il caso – ciò che non era prevedibile, e che comunque non è governabile – sembra dominare le nostre vite, individuali e collettive. Ma anche in quei momenti possiamo decidere, e scegliere, come comportarci rispetto all'ottusa brutalità del destino e alla prepotenza di chi vorrebbe decidere per noi. Riflettere sulla scelta dei senza scelta è un modo – forse il modo più efficace – per capire il significato profondo della parola e cogliere la sua centralità etica.

Nel 1861 un bambino inglese, William Ernest Henley, si ammalò di tubercolosi: per salvarlo gli fu amputata la parte inferiore della gamba sinistra. Aveva solo dodici anni, sarebbe diventato un poeta e per tutta la vita avrebbe lottato contro la malattia, la menomazione e lo sconforto.

La più famosa poesia di Henley si intitola, non casualmente, *Invictus*.

Dal profondo della notte che mi avvolge,
buia come il pozzo che va da un polo all'altro,

ringrazio qualunque dio esista
per la mia anima invincibile.

Nella feroce morsa del caso
non ho arretrato né ho gridato d'angoscia.
Sotto la scure della sorte
il mio capo sanguina ma non si piega.

Oltre questo luogo di collera e lacrime
incombe solo l'Orrore dell'ombra,
eppure la minaccia degli anni
mi trova, e mi troverà, senza paura.

Non importa quanto sia stretta la porta,
quanto pieno di castighi il destino.
Io sono il padrone della mia sorte:
io sono il capitano della mia anima.

Il coraggio, il rispetto di noi stessi, l'eleganza, il senso dell'umorismo inteso come attitudine morale sono le qualità che ci rendono padroni della nostra sorte, anche di fronte alla "feroce morsa del caso".

Scelta può essere di volta in volta – o insieme – ribellione non violenta, ricerca della giustizia, pratica etica della bellezza e dell'eleganza, salvezza dalla vergogna. E ancora: capacità di disobbedire agli ordini ingiusti e inumani, capacità di sottrarsi al conformismo, capacità di non dare nulla per scontato, di praticare l'arte del dubbio, di sfuggire ai vincoli e alla prepotenza delle verità convenzionali, anche quando questo può costare molto caro.

Una precisazione è necessaria. La fermezza con cui possiamo scegliere di reagire a una realtà ostile e sovrastante è un contegno nobile: ma, come ricorda Martha Nussbaum, "chi riesce a vincere la sorte è un'eccezione che non dimostra la colpevolezza morale di coloro che soccombono alla depressione e alla disperazione". Bisogna sottrarsi al rischio

– spesso latente, inconsapevole e dunque più insidioso – di leggere l'insuccesso, la povertà, la sconfitta come sintomi di fallimento morale.

Detto questo, non vi è dubbio che la capacità e la pratica della scelta regolata – soprattutto in condizioni difficili – da princìpi giuridici, etici e anche estetici siano fra le manifestazioni più alte dell'idea stessa di umanità.

Una delle figure più belle ed eroiche della *Commedia* di Dante è Catone Uticense, posto a guardia del Purgatorio. Nel 46 a.C., mentre i cesariani vittoriosi marciavano su Utica, Catone si diede la morte, quando stava per perdere la libertà. Egli è dunque un suicida. Dante, tuttavia, lo colloca nel Purgatorio e non nel secondo girone dell'Inferno, con gli altri suicidi. Perché? Qual è la differenza tra Catone e i suicidi dell'Inferno?

Catone si toglie la vita perché *sceglie* di ribellarsi alla sconfitta, alla schiavitù, alla perdita della libertà e della dignità: "Libertà va cercando, ch'è sì cara, / come sa chi per lei vita rifiuta".

Il suo non è un atto di rinuncia, un'infrazione della legge umana e divina della vita. Dante lo pone a guardia del Purgatorio non malgrado il suo suicidio, ma per il suo suicidio, che è un atto morale di protesta in nome della libertà. Una *scelta* di libertà.

Quando tutto è perduto, possiamo scegliere almeno di non essere umiliati, di non venire depredati della nostra essenza di uomini.

In *Se questo è un uomo* scrive Primo Levi:

> Devo confessarlo: dopo una sola settimana di prigionia, in me l'istinto della pulizia è sparito. Mi aggiro ciondolando per il lavatoio, ed ecco Steinlauf, il mio amico quasi cinquantenne, a torso nudo, che si strofina collo e spalle con scarso esito (non ha sapone) ma con estrema energia. Steinlauf mi vede e mi saluta, e senza ambagi mi doman-

da severamente perché non mi lavo. Perché dovrei lavarmi? starei forse meglio di quanto sto? piacerei di più a qualcuno? [...]
Ma Steinlauf mi dà sulla voce. Ha terminato di lavarsi, ora si sta asciugando con la giacca di tela che prima teneva arrotolata fra le ginocchia e che poi infilerà, e senza interrompere l'operazione mi somministra una lezione in piena regola.
Ho scordato ormai, e me ne duole, le sue parole diritte e chiare, le parole del già sergente Steinlauf dell'esercito austro-ungarico, croce di ferro della guerra '14-18. Me ne duole, perché dovrò tradurre il suo italiano incerto e il suo discorso piano di buon soldato nel mio linguaggio di uomo incredulo. Ma questo ne era il senso, non dimenticato allora né poi: che appunto perché il Lager è una gran macchina per ridurci a bestie, noi bestie non dobbiamo diventare; che anche in questo luogo si può sopravvivere, e perciò si deve voler sopravvivere, per raccontare, per portare testimonianza; e che per vivere è importante sforzarci di salvare almeno lo scheletro, l'impalcatura, la forma della civiltà. Che siamo schiavi, privi di ogni diritto, esposti a ogni offesa, votati a morte quasi certa, ma che una facoltà ci è rimasta, e dobbiamo difenderla con ogni vigore perché è l'ultima: la facoltà di negare il nostro consenso.

* * *

Con queste riflessioni sparse abbiamo cercato di scoprire quello che nel dizionario non c'è: la definizione di *scelta* attraverso i suoi contrari.

Scelta è il contrario di rinuncia, di conformismo e di vigliaccheria.

Scelta è il contrario di vergogna.

Scelta è il contrario di indifferenza.

Nel 1917 Antonio Gramsci pubblicava una rivista cui diede un titolo evocativo, civile e poetico: “La città futura”. Da solo, questo titolo costituisce una lezione sul linguaggio della politica e sulla possibilità di raccontare un sogno riconoscibile e condivisibile, di progresso civile.

In quella rivista era contenuto, fra gli altri, uno scritto che giunge fino a noi con i toni laicamente epici di un grande manifesto politico e morale: *Odio gli indifferenti*.

> Odio gli indifferenti. Credo come Federico Hebbel che "vivere vuol dire essere partigiani". Non possono esistere i solamente uomini, gli estranei alla città. Chi vive veramente non può non essere cittadino, e parteggiare. Indifferenza è abulia, è parassitismo, è vigliaccheria, non è vita. Perciò odio gli indifferenti.
> L'indifferenza è il peso morto della storia. È la palla di piombo per il novatore, è la materia inerte in cui affogano spesso gli entusiasmi più splendenti, è la palude che recinge la vecchia città e la difende meglio delle mura più salde, meglio dei petti dei suoi guerrieri, perché inghiottisce nei suoi gorghi limosi gli assalitori, e li decima e li scora e qualche volta li fa desistere dall'impresa eroica.
> L'indifferenza opera potentemente nella storia. Opera passivamente, ma opera. È la fatalità; è ciò su cui non si può contare; è ciò che sconvolge i programmi, che rovescia i piani meglio costruiti; è la materia bruta che si ribella all'intelligenza e la strozza. Ciò che succede, il male che si abbatte su tutti, il possibile bene che un atto eroico (di valore universale) può generare, non è tanto dovuto all'iniziativa dei pochi che operano, quanto all'indifferenza, all'assenteismo dei molti. Ciò che avviene, non avviene tanto perché alcuni vogliono che avvenga, quanto perché la massa degli uomini abdica alla sua volontà, lascia fare, lascia aggruppare i nodi che poi solo la spada potrà tagliare, lascia promulgare le leggi che poi solo la rivolta farà abrogare, lascia salire al potere gli uomini che poi solo un ammutinamento potrà rovesciare. La fatalità che sembra dominare la storia non è altro appunto che apparenza illusoria di questa indifferenza, di questo assenteismo. Dei fatti maturano nell'ombra, poche mani, non sorvegliate da nessun controllo, tessono la tela della vita collettiva, e la massa ignora, perché non se ne preoccupa. I destini di un'epoca sono manipolati a seconda delle visioni ristrette, degli scopi immediati, delle ambizioni e passioni personali di piccoli gruppi attivi, e la massa degli uomini ignora, perché non se ne preoccupa. Ma i fatti che hanno maturato vengono a sfociare; ma la tela tessuta nell'ombra arriva a compimento: e allora sembra sia la fatalità a travolgere tutto e tutti, sembra che la storia non sia che un enorme fenomeno naturale, un'eruzione, un terremoto, del quale rimangono vittima tutti, chi ha

voluto e chi non ha voluto, chi sapeva e chi non sapeva, chi era stato attivo e chi indifferente. E questo ultimo si irrita, vorrebbe sottrarsi alle conseguenze, vorrebbe apparisse chiaro che egli non ha voluto, che egli non è responsabile. Alcuni piagnucolano pietosamente, altri bestemmiano oscenamente, ma nessuno o pochi si domandano: se avessi anch'io fatto il mio dovere, se avessi cercato di far valere la mia volontà, il mio consiglio, sarebbe successo ciò che è successo? Ma nessuno o pochi si fanno una colpa della loro indifferenza, del loro scetticismo, del non aver dato il loro braccio e la loro attività a quei gruppi di cittadini che, appunto per evitare quel tal male, combattevano, di procurare quel tal bene si proponevano.
I più di costoro, invece, ad avvenimenti compiuti, preferiscono parlare di fallimenti ideali, di programmi definitivamente crollati e di altre simili piacevolezze. Ricominciano così la loro assenza da ogni responsabilità. E non già che non vedano chiaro nelle cose, e che qualche volta non siano capaci di prospettare bellissime soluzioni dei problemi più urgenti, o di quelli che, pur richiedendo ampia preparazione e tempo, sono tuttavia altrettanto urgenti. Ma queste soluzioni rimangono bellissimamente infeconde, ma questo contributo alla vita collettiva non è animato da alcuna luce morale; è prodotto di curiosità intellettuale, non di pungente senso di una responsabilità storica che vuole tutti attivi nella vita, che non ammette agnosticismi e indifferenze di nessun genere.
Odio gli indifferenti anche per ciò che mi dà noia il loro piagnisteo di eterni innocenti. Domando conto ad ognuno di essi del come ha svolto il compito che la vita gli ha posto e gli pone quotidianamente, di ciò che ha fatto e specialmente di ciò che non ha fatto. E sento di poter essere inesorabile, di non dover sprecare la mia pietà, di non dover spartire con loro le mie lacrime. Sono partigiano, vivo, sento nelle coscienze virili della mia parte già pulsare l'attività della città futura che la mia parte sta costruendo. E in essa la catena sociale non pesa su pochi, in essa ogni cosa che succede non è dovuta al caso, alla fatalità, ma è intelligente opera dei cittadini. Non c'è in essa nessuno che stia alla finestra a guardare mentre i pochi si sacrificano, si svenano nel sacrifizio; e colui che sta alla finestra, in agguato, voglia usufruire del poco bene che l'attività di pochi procura e sfoghi la sua delusione vituperando il sacrificato, lo svenato perché non è riuscito nel suo intento.
Vivo, sono partigiano. Perciò odio chi non parteggia, odio gli indifferenti.

Molti anni dopo un ragazzino del Minnesota, Robert Allen Zimmerman, che si era dato il nome d'arte di Bob Dylan, avrebbe anch'egli puntato il dito contro quella che riteneva la più insopportabile dimostrazione di inumanità dell'uomo sull'uomo: ancora una volta, l'indifferenza.

How many times can a man turn his head
Pretending that he just doesn't see*

Le parole di *Blowin' in the Wind* – forse la più famosa canzone di rivolta di tutti i tempi – echeggiano su un pianeta in cui le differenze fra i privilegiati e i disperati sono sempre più vaste, sempre più insopportabili.

La risposta, dice Dylan, soffia nel vento. Ed è una risposta che richiama alla responsabilità individuale non meno che a quella collettiva, al gusto etico, allegro e temerario delle scelte.

Allegria, sorpresa, intelligenza, futuro, gioco, conoscenza, entusiasmo, coraggio, umorismo, scoperta, anche rischio, nella sua accezione di scommessa dell'intelligenza – oltre che, naturalmente, giustizia, ribellione e bellezza – sono le parole che sentiamo gravitare nell'alone di senso di scelta, per come abbiamo cercato di ricostruirlo in queste pagine.

Scelta come atto di coraggio e di allegria; di responsabilità e di intelligenza; di rivolta e di scoperta.

Scelta, in definitiva, come atto audace di continua reinvenzione del mondo e di costruzione dell'umanità.

* "Quante volte un uomo può voltare la testa facendo finta semplicemente di non vedere."

11.
Popolo

Le scelte, in democrazia, spettano a soggetti diversi a seconda del livello, della situazione, della tipologia di decisione. La scelta centrale, a un tempo pratica e simbolica, è però quella che si realizza con la liturgia fondamentale della democrazia: quella dell'elezione di rappresentanti a opera di rappresentati.

La sovranità appartiene al popolo, che la esercita nelle forme e nei limiti della Costituzione (art. 1, co. 2). Significa che il voto popolare a suffragio universale è il principio di legittimazione delle istituzioni democratiche, nel quadro delle norme che lo regolano. Il popolo quale entità unitaria esiste solo come indicazione di una universalità che è la base legittimante della democrazia.

La parola "popolo" però, nel tempo e soprattutto negli ultimi anni, è stata spesso usata in modo abusivo quando non deliberatamente truffaldino.

"Ho rispettato la volontà del popolo sovrano," scriveva Salvini (o chi per lui) in una memoria difensiva legata a un procedimento a suo carico per gravi imputazioni relative al periodo in cui era ministro dell'Interno.

"La volontà popolare è sacra e va rispettata," dichiarava

Luigi Di Maio poco dopo le elezioni del 2018, rivendicando per sé l'incarico a formare il nuovo governo.

"Se populismo significa restituire al popolo la sovranità, rivendichiamo orgogliosamente di essere populisti," diceva, non senza enfasi, Giuseppe Conte chiedendo la fiducia alla Camera per il primo dei suoi due governi, nel giugno 2018.

Ma cosa vuol dire esattamente la parola "popolo"? Esiste il popolo come entità omogenea e, soprattutto, esiste un'entità come la "volontà popolare" che si possa considerare in modo unitario? La risposta è, con immediata evidenza, negativa. Nel migliore dei casi (e peraltro con una chiara semplificazione, considerati i profili di difficoltà insiti nell'individuazione di un volere collettivo) si può parlare della volontà di una maggioranza di cittadini che abbiano esercitato il diritto di voto. Il concetto di *volontà popolare* e il suo uso spregiudicato, quando non sgangherato, sono la forma più classica (e per certi aspetti, più subdola) di esercizio del populismo.

Cerchiamo di chiarire il concetto con un esempio congetturale. Immaginiamo che si tengano delle elezioni politiche; immaginiamo che vada a votare il 60 per cento degli aventi diritto; immaginiamo che un ipotetico Partito del popolo ottenga il miglior risultato raccogliendo il 40 per cento (percentuale altissima e improbabile) dei voti validi. Prescindiamo da questioni relative al sistema elettorale, al tema delle alleanze, alle ipotesi di governabilità che non ci interessano per questo esperimento mentale. Il Partito del popolo, legittimo vincitore delle elezioni, avrebbe ottenuto il 24 per cento dei voti del corpo elettorale. Avrebbe naturalmente il diritto-dovere di (provare a) governare. I suoi dirigenti non avrebbero invece titolo a dire cose del tipo "siamo stati votati dal popolo", "esprimiamo la volontà del popolo", "siamo qui per volere del popolo" o altre analoghe sciocchezze.

Il popolo come unità omogenea è una finzione.

Nel saggio intitolato *Il fascismo eterno*, Umberto Eco ha

scritto: "Dal momento che nessuna quantità di esseri umani può possedere una volontà comune, il leader pretende di essere il loro interprete. Avendo perduto il loro potere di delega, i cittadini non agiscono, sono solo chiamati *pars pro toto* a giocare il ruolo del popolo. Il popolo è così solo una finzione teatrale".

Il popolo è base legittimante dello Stato democratico, nel quale risiede la sovranità. Passare da questa nozione al dire che il popolo è un'entità omogenea e che si può parlare di volontà popolare unitaria è operazione gravemente manipolatoria.

È l'enfasi su una (inesistente) volontà comune che permette ai populisti di semplificare, anzi di banalizzare. Se c'è una sola volontà del popolo, allora non ci sono più sfumature, non è più necessario affrontare la complessità. È una visione rassicurante e ansiolitica: c'è una sola risposta giusta ai problemi del nostro tempo, non occorre pensare, non occorre impegnarsi.

Una sintesi di tale pericolosa manipolazione viene fornita ancora una volta dall'esperienza politica di Silvio Berlusconi. L'8 maggio 2001, cinque giorni prima delle elezioni politiche, durante una nota trasmissione televisiva certamente non a lui ostile, Berlusconi firmava un documento denominato "contratto con gli Italiani". Quest'operazione propagandistica (a suo modo riuscita, dato che Berlusconi vinse le elezioni) implicitamente presupponeva che si potesse alludere a un'entità come *gli italiani*; entità unitaria, omogenea, monocratica e munita di una volontà comune.

* * *

Con grande efficacia il politologo Jan-Werner Müller ha chiarito che il populismo si basa su una visione moralistica della politica: l'idea che esista un *popolo* moralmente puro contrapposto alle élite corrotte (o agli immigrati, descritti come invasori, che del popolo disgregano le tradizioni e la cultura).

Per i populisti, l'enorme moltitudine di cittadini che vivono in un certo Paese costituisce un'entità comune, i cui interessi vengono ignorati e calpestati da una minoranza che gestisce ogni cosa con metodi opachi quando non illeciti: i banchieri, le grandi aziende, i politici di professione, gli intellettuali, i professori.

Il popolo, che è sempre unito e moralmente nel giusto, può essere rappresentato da un solo vero rappresentante: i populisti sono anche antipluralisti. Perché un politico o un partito sia considerato populista, deve sostenere l'idea che una sola parte del popolo sia il vero popolo – del quale solo i populisti possono rappresentare genuinamente gli interessi. È sempre presente una distinzione tra i moralmente puri, il "vero popolo" che i populisti rappresentano, e i loro nemici. Ha dichiarato Salvini, con elegante sintesi: "...agli altri lasciamo i professori del cazzo alla Mario Monti e noi abbiamo la gente vera".

Il vero popolo contrapposto alle élite ha una volontà comune che il populista è l'unico in grado di rappresentare.

La manomissione della parola si concretizza anche con la strategia di definire il popolo in relazione ai suoi nemici immaginari. È l'idea di una moltitudine morale di senza potere coalizzati contro chi quel potere lo detiene indebitamente. Un'idea che permette ai populisti di presentarsi come i soli capaci di rimuovere un'ingiustizia (l'immorale squilibrio dei poteri fra i pochi e i tanti), come dei salvatori.

Ha detto Beppe Grillo: "È un miracolo, stiamo salvando il culo a tutti i partiti, perché se va male questo movimento che è l'unico pacifico, è finita". Il populista si presenta salvatore non solo del popolo, ma dell'intero sistema politico

– come forza purificatrice di un sistema corrotto. E si rappresenta come una forza audace ma benigna, in un discorso politico che lascia aleggiare il rischio della sovversione. Fidatevi di noi. A parte la nostra superiorità morale e la nostra capacità di cambiare il mondo, siamo l'unico argine alla violenza.

* * *

Scrive Benedict Anderson che le nazioni sono comunità immaginate. Qualunque collettività politica di grandi dimensioni non può fare affidamento sulle interazioni dei suoi membri nella vita reale per creare un senso di complessiva coesione sociale: occorre l'immaginazione delle persone, la loro percezione di avere un'identità comune. È tramite la creazione di un immaginario comune, dalle vittorie calcistiche agli eventi di cronaca, tramite l'invenzione di tradizioni e simboli comuni, che si creano e mantengono comunità politiche di grandi dimensioni.

Un immaginario comune è necessario per generare coesione sociale e un senso di solidarietà. Sapere che un'identità comune è fatta di storie condivise è liberatorio e ci permette una continua evoluzione.

E non solo in politica: tutta la storia della nostra specie – si può dire – è fatta di storie. Lo mostra benissimo Yuval Noah Harari in *Sapiens*. La rivoluzione cognitiva che ha permesso all'*Homo sapiens* di avere la meglio sulle altre specie animali è consistita proprio nella capacità di elaborare e raccontare storie, nell'attitudine a costruire metafore. Le storie – dalle leggende delle antiche religioni ai racconti biblici, ai miti della società di massa – tengono insieme le grandi collettività umane e permettono imprese che sarebbero impossibili senza la capacità di raccontare il passato e di immaginare il futuro.

In un analogo orizzonte concettuale, Martha Nussbaum ha sostenuto che "l'immaginazione narrativa" è una dote fondamentale del cittadino di un Paese democratico. È la capacità di immaginare storie diverse dalla nostra, immaginare come vive chi è diverso da noi. Un popolo, nella sua accezione democratica, è formato da persone che capiscono di avere cose in comune e molte non in comune, che possono immedesimarsi o sentire solidarietà per l'altro, anche se estraneo, lontano, diverso da loro.

Le storie ci danno gli strumenti per immaginare come sia essere altro da noi: in questo modo, esse alimentano l'empatia, che è elemento e funzione necessaria dell'essere cittadini, dell'immaginarsi parte di una comunità di persone drasticamente diverse e insieme profondamente simili.

In un saggio intitolato *L'identità culturale non esiste*, François Jullien ha messo in luce una differenza importante fra ciò che è uniforme e ciò che è comune: è ciò che è *comune* ad avere un'accezione politica. "È a partire da questo concetto che i Greci hanno concepito la Città. A differenza dell'uniforme, il comune non è il simile [...]. Ed è proprio questo il nodo cruciale dei nostri tempi, qualunque sia la scala del comune che viene presa in considerazione – della Città, della nazione o dell'umanità: soltanto se promuoviamo un comune che non sia riduzione all'uniforme, il comune di questa comunità sarà attivo, creando effettive opportunità di condivisione."

Una collettività politica si unisce intorno a ciò che ha in comune: storie, valori condivisi, simboli, più o meno inclusivi. Non richiede uniformità di vedute, ma riconoscimento di ciò che è comune: cioè di quello che la rende comunità. La differenza tra uniforme e comune permette di concepire la democrazia come un'*agorà* in cui si confrontano punti di vista discordanti e non una sola verità, non un'unica "volontà popolare".

La tolleranza come pratica intellettuale e politica parte dalla consapevolezza che la stessa realtà materiale e sociale viene osservata da diversi punti di vista. Da ciò derivano percezioni, rappresentazioni e sistemi di credenze molto diversi fra loro, ma tutti muniti di elementi di verità di cui occorre tenere conto nella discussione pubblica.

Scriveva John Stuart Mill che le dottrine in contraddizione, invece d'essere l'una vera e l'altra falsa, si dividono la verità. L'opinione dissidente è necessaria per fornire il resto della verità di cui la dottrina comunemente ammessa non possiede che una parte. La verità, nei grandi interessi pratici della vita, è soprattutto una questione di combinazione e di conciliazione degli estremi.

Un concetto non dissimile fonda la riflessione sui *dissoi logoi* – i discorsi contrastanti – della tradizione sofistica, imperniati sulla necessità di imparare a difendere una tesi e il suo esatto contrario. È un'idea modernissima, che nel corso dei secoli è stata molto travisata. Il principio, ancora una volta, è che non esiste un singolo depositario della verità, che in ogni punto di vista ci sia una parte di ragione, che sia necessario imparare a cogliere il segmento di verità che c'è in qualsiasi discorso. Di questa impostazione va oggi valorizzata soprattutto la prospettiva etica: la percezione del valore della tolleranza, il senso del limite, l'accettazione della pluralità.

Il popolo omogeneo, monocratico e immaginario del discorso populista è la clava di ogni autoritarismo, più o meno palese, più o meno mascherato. È una nozione incompatibile con l'idea di libero dibattito, di dubbio, di discussione, di pluralismo, che è la linfa vitale della democrazia.

Compatibile, anzi coerente con l'idea di pluralismo – e molto meno esposto a "manomissione", della nozione di popolo – è il concetto di comunità. Intorno a esso gravitano parole come solidarietà, uguaglianza, tolleranza. La parola, analizzata alla luce della sua etimologia, presenta una feconda ambiguità, proprio come il termine *manomissione*.

La parola "comunità" risale al latino *communis*, parola formata da *cum* e *munus* (*munus* significa dovere, ufficio in nome e in favore della collettività: ma anche regalo, elargizione gratuita, dono).

La comunità è dunque il luogo dei doveri verso la collettività, ma anche dei doni: cose e gratificazioni che si ricevono al di fuori di un rapporto di scambio. Di sinallagma, come direbbero i giuristi. Entrambi gli elementi alludono a una dimensione di gratuità; si sarebbe portati anzi a dire: gratuità solidale. In questa assenza di corrispettività (che invece caratterizza le teorie del contratto sociale), nell'alternanza fra doni (ciò che si riceve gratuitamente dagli altri) e doveri (ciò che si fa gratuitamente per gli altri) si colloca il potenziale del concetto di comunità, la sua capacità di contenere la prospettiva di un futuro diverso, di *possibilità* diverse. In particolare, quella della giustizia sociale, concetto spesso maneggiato in modo schematico e stereotipato.

Michael Sandel sostiene la necessità di ricostruire l'idea di giustizia sociale ridefinendone, se non ribaltandone, le premesse: non semplice giustizia distributiva, ovvero ridistribuzione di risorse da chi ha più a chi ha meno, ma giustizia contributiva, in cui ogni membro della società ha i mezzi e l'opportunità per contribuire al bene comune, sentendosi *parte* dell'agire comune. Per conservare o riguadagnare la sua dignità di cittadino, poco importa in che punto della gerarchia sociale si trovi, poco importa quale sia il valore di scambio del suo lavoro.

"Da Aristotele alla tradizione repubblicana americana, da Hegel all'insegnamento sociale cattolico, le teorie della giustizia contributiva ci insegnano che siamo compiutamente umani quando contribuiamo al bene comune e ci guadagniamo la stima dei nostri concittadini per i contributi che offriamo. Secondo questa tradizione, il desiderio umano fondamentale è quello di essere necessari a coloro con i quali condividiamo una vita in comune."

* * *

Negli anni settanta del secolo scorso il matematico Benoît Mandelbrot elaborò il concetto di frattale, così dando il via a un vero e proprio cambio di paradigma della sua disciplina, ma anche di altre: dalle neuroscienze all'astronomia, fino all'economia e alla finanza.

Un frattale è un oggetto geometrico che si ripete nella sua forma allo stesso modo su scale diverse: ingrandendo una qualunque sua parte si ottiene una figura simile all'intero. La geometria frattale è la geometria non euclidea che studia queste forme e le loro proprietà.

La natura produce molti esempi di forme frattali. Ad esempio, in un abete, ogni ramo è simile all'intero albero e ogni rametto è a sua volta simile al proprio ramo e così via. La forma di una costa è frattale. Frattali si ritrovano anche nelle montagne, nelle nuvole, nei cristalli di ghiaccio, in alcuni vegetali come i broccoli e le felci.

I frattali offrono una nuova rappresentazione del mondo che muove dall'idea che il piccolo, in natura (ma probabilmente anche in molti altri ambiti), non è nient'altro che una copia del grande.

Comunità è un concetto frattale. Una comunità si può comporre di soli individui nelle sue dimensioni più elementari (famiglie, piccole associazioni), come di individui insieme ad altre comunità diverse ma integrate fra loro, nelle sue manifestazioni via via più complesse. Come accade per le comunità sui territori, fino alla comunità nazionale e alle comunità internazionali, fino al concetto, audace e decisivo per la sopravvivenza della specie e del pianeta, di comunità umana.

Il concetto frattale di comunità tiene insieme le uguaglianze e le differenze, le uniformità e le dissonanze. È un concetto attraverso il quale si può praticare un'idea non retorica di progresso, di solidarietà, di convivenza, di rispetto delle differenze.

Di cura e di ricerca della felicità.

Epilogo

Ed eccoci alla fine di questo esperimento.

Mentre scrivevo qualcuno mi ha chiesto *cosa* stessi scrivendo. In quei momenti mi accorgevo di non avere una risposta. Non una risposta precisa, con la quale sentirmi a mio agio, perlomeno. A volte dicevo: *un saggio sulle parole*, e nel momento stesso in cui pronunciavo questa frase avvertivo nella mia voce un tono vagamente pedagogico e didascalico, e dunque vagamente ridicolo.

Allora, forse, si può dire cosa non rientrava nelle mie intenzioni, cosa questo libro *non* è. Non è una lezione, non è un manifesto politico, men che meno è una riflessione filosofica.

È stato un gioco. Un gioco personalissimo e, in qualche misura, inevitabilmente arbitrario, di cui parte essenziale sono stati i libri degli altri. Ho giocato a smontare e rimontare le parole come certi bambini fanno con i giocattoli. Con lo stesso spirito: per vedere cosa c'è dentro, per capire come funzionano, per sperimentarne usi diversi. Senza seguire le istruzioni.

E quello che conta non è il singolo risultato, ma l'idea stessa che questo gioco possa essere giocato, la consapevolezza che ci sono e potranno esserci parole nuove – perché rinnovate – ed esatte. Parole precise, che ci mostreranno nuovi oggetti, nuove idee, nuovi territori, da percorrere parlando, leggendo, scrivendo. Scegliendo.

Immaginare un linguaggio significa, sempre, immaginare una forma di vita. Scrivere è, sempre, un'esplorazione allo stesso tempo di sé e del mondo, un viaggio di scoperta, una ricerca di senso, il gesto politico e rivoluzionario di chiamare le cose con il loro nome.

Scrivere è essere qui.

Nota dell'autore

Mi è difficile definire con precisione la natura di questo libro. Verrà classificato come un saggio (e in un certo senso lo è), ma tengo a dire che, per me, è soprattutto l'esito di un gioco di sconfinamenti. Un'antologia anarchica. Una ricerca di senso, anche, soprattutto attraverso le parole e le pagine di altri, da Hannah Arendt a don Milani, da Aristotele a Bob Dylan, da Goethe a Gramsci.

I capitoli sono legati fra loro in un itinerario concettuale, ma nulla vieta di leggerli separatamente o in un ordine diverso da quello indicato dalla sequenza delle pagine.

Il libro non ci sarebbe – o sarebbe molto diverso e meno ricco – senza il lavoro di Margherita Losacco, lavoro che è andato ben oltre la redazione e la cura dell'apparato bibliografico.

Molti degli spunti, molte delle idee che attraversano il libro sono infatti il risultato di sue intuizioni e il frutto dei suoi studi.

Molto del libro, dunque, le appartiene almeno quanto appartiene a me.

Note

a cura di Margherita Losacco

Margherita Losacco (Bari, 1974) insegna Filologia classica all'Università di Padova.

p. 9
La citazione iniziale costituisce una rielaborazione della frase posta in esergo a N. Gaiman, *Coraline*, London, Bloomsbury, 2002, p. 7: "Fairy tales are more than true: not because they tell us that dragons exist, but because they tell us that dragons can be beaten (G.K. Chesterton)" ("Le fiabe dicono più che la verità. E non solo perché raccontano che i draghi esistono, ma perché affermano che si possono sconfiggere": N. Gaiman, *Coraline*, traduzione di M. Bartocci, Milano, Mondadori, 2003, p. 7). In Chesterton si legge: "Fairy tales, then, are not responsible for producing in children fear, or any of the shapes of fear; fairy tales do not give the child the idea of the evil or the ugly; that is in the child already, because it is in the world already. Fairy tales do not give a child his first idea of bogey. What fairy tales give the child is his first clear idea of the possible defeat of bogey. The baby has known the dragon intimately ever since he had an imagination. What the fairy tale provides for him is a St. George to kill the dragon" (G.K. Chesterton, *Tremendous Trifles*, London, Methuen & Co., 1909, p. 102).

Introduzione alla prima edizione

pp. 13-16
G. Carofiglio, *Ragionevoli dubbi*, Palermo, Sellerio, 2006, pp. 125-129.

Per il significato di *manomissione*, il *Dizionario della lingua italiana* di F. Palazzi – G. Folena (Torino, Loescher, 1992), s.v. *manomettere*, p. 1064, reca "1. alterare, guastare, violare [...] 2. Nell'antica Roma, restituire la libertà a uno schiavo". In S. Battaglia, *Grande Dizionario della Lingua Italiana*, IX, Torino, Utet, 1975, s.v. *manomettere*, pp. 725-727, il primo valore del verbo rinvia al diritto romano: "concedere la libertà a un proprio schiavo, mediante il negozio giuridico di manomissione"; ma *manomettere* significa anche "mettere mano a qualcosa; cominciare a usarla, a consumarla, a prenderne una parte [...]; intaccare", e, per estensione, "ridurre in cattivo stato, danneggiare, guastare; rovinare, distruggere; sciupare, sgualcire", nonché "mettere in disordine o a soqquadro qualcosa per rubare o per soddisfare una curiosità illecita; forzare, frugare, rovistare indebitamente (un cassetto, un armadio, ecc.); aprire, dissigillare abusivamente (una lettera, un plico)"; solo per ulteriore estensione si giunge ai significati di "danneggiare irreparabilmente, alterare, compromettere (la bellezza, la purezza di un'arte, di una virtù); ledere, indebolire, inficiare (un valore, un'istituzione)"; cfr. anche ivi, s.v. *manomissione*, p. 727. Per una sintesi sull'istituzione della *manumissio* in Grecia e a Roma cfr. G.

Schiemann, *Manumission*, in *Brill's New Pauly. Antiquity volumes* edited by H. Cancik – H. Schneider, VIII, Leiden-Boston, Brill, 2006, coll. 263-266.

p. 17
Così ricordava Nicola Crocetti al Festivaletteratura di Mantova nel settembre 2009: cfr. C. Taglietti, *E Ritsos scriveva sette poesie al giorno*, "Corriere della Sera", 13 settembre 2009, p. 27.

Sulle "nuove metafore" cfr. G. Lakoff – M. Johnson, *Metafora e vita quotidiana*. Edizione italiana a cura di P. Violi, Milano, Bompiani, 2007[3] [1998; *Metaphors We Live By*, Chicago, Illinois, University of Chicago Press, 1980], pp. 173-181 (la citazione è tratta da p. 173).

1. Quante parole, quali parole

pp. 19-20, 21-22
Le parole di Gustavo Zagrebelsky sono tratte dalla lezione tenuta alla Biennale Democrazia di Torino (Torino, 22-26 aprile 2009) il 23 aprile 2009. Il testo è ora reperibile all'indirizzo web <http://www.astrid-online.it/static/upload/protected/ZAGR/ZAGREBELSKY_Biennale-Democrazia_23_04_09.pdf> [ultima consultazione 24 settembre 2021]; la citazione si legge a p. 23; il decalogo a p. 20. Un estratto della lezione è stato pubblicato in G. Zagrebelsky, *Le parole della democrazia*, "la Repubblica", 23 aprile 2009, pp. 1, 42-43. Cfr. inoltre Id., *Imparare democrazia*, Torino, Einaudi, 2007, p. 35; il decalogo alle pp. 15-38.

Impossibile qui fermarsi sulla nozione di *democrazia*. Sul valore, sull'estensione, sull'ambiguità della parola si può rinviare a: L. Canfora, *La democrazia: storia di un'ideologia*, Roma-Bari, Laterza, 2004 [2010[3]]; Id., *Critica della retorica democratica*, Roma-Bari, Laterza, 2002; G. Sartori, *La democrazia in trenta lezioni*, a cura di L. Foschini, Milano, Mondadori, 2008 [Oscar Mondadori, 2020]; Id., *Democrazia: cosa è*, Milano, BUR Rizzoli, 2006; S. Cassese, *La democrazia e i suoi limiti. Nuova edizione aggiornata*, Milano, Mondadori, 2018; N. Urbinati, *Pochi contro molti. Il conflitto poli-*

tico nel XXI secolo, Roma-Bari, Laterza, 2020. Da ultimo, preziose riflessioni sul futuro delle democrazie, in una prospettiva internazionale, si possono leggere nei contributi raccolti nel fascicolo 1/2021 (513) della rivista "il Mulino", intitolato *Guarire le nostre democrazie*.

pp. 20-21
Sul rapporto fra linguaggio e violenza si può rinviare a: A.D. Davis – D.D. Sanger – M. Morris – Friehe, *Language Skills of Delinquent and Nondelinquent Adolescent Males*, "Journal of Communication Disorders" 24, 1991, pp. 251-266; D.D. Sanger – K. Hux – D. Belau, *Oral Language Skills of Female Juvenile Delinquents*, "American Journal of Speech-Language Pathology" 6, 1997, pp. 70-76; D.D. Sanger – J.W. Creswell – J. Dworak – L. Schultz, *Cultural Analysis of Communication Behaviors Among Juveniles in a Correctional Facility*, "Journal of Communication Disorders" 33, 2000, pp. 31-57; K. Bryan, *Preliminary Study of the Prevalence of Speech and Language Difficulties in Young Offenders*, "International Journal of Language & Communication Disorders" 39, 2004, pp. 391-400; P.C. Snow – M.B. Powell, *Oral Language Competence, Social Skills and High-Risk Boys: What are Juvenile Offenders Trying to Tell us?*, "Children & Society" 22, 2008, pp. 16-28; P.C. Snow, *Speech-Language Pathology and the Youth Offender: Epidemiological Overview and Roadmap for Future Speech-Language Pathology Research and Scope of Practice*, "Language, Speech, and Hearing Services in Schools" 50/2, 2019, pp. 324-339 [doi: 10.1044/2018_LSHSS-CCJS-18-0027].

Sul rapporto tra violenza giovanile e capacità narrative cfr. P.C. Snow – M.B. Powell, *What's the Story? An explanation of narrative language abilities in male juvenile offenders*, "Psychology, Crime & Law" 11, 2005, pp. 239-253. Inoltre Snow – Powell, *Oral Language Competence*, p. 17: "Narrative competence is the 'canary in the coalmine' with respect to language competence. It has a special significance in relation to young offenders, as it is the means by which an accused person can tell their story to law enforcement authorities. [...] This language deficit inevitably disadvantages young offenders within the legal system because judicial decisions largely depend on the quality and credibility of the evidence provided by defendants". Ora anche N.R. Kippin *et al.*, *The oral and written narrative language skills of adolescent students in youth detention and the impact of language disorder*, "Journal of Communication Disorders" 90, 2021 [doi.org/10.1016/j.jcomdis.2021.106088].

Il fenomeno dell'ipocognizione è descritto in G. Lakoff, *Non pensare all'elefante!*, prefazione di G. Carofiglio, traduzione di D. Brindisi, Milano, Chiarelettere, 2019 [*The All New Don't Think of an Elephant!*, White River Junction, VT, Chelsea Green, 2004, 2014[2]], pp. 43-44, 61.

p. 21
La citazione è tratta da L. Wittgenstein, *Tractatus logico-philosophicus* e *Quaderni 1914-1916*, a cura di A.G. Conte. Nuova edizione, Torino, Einaudi, 1995, p. 88 (Tractatus, 5.6).

Gli estratti dalla *Città di vetro* si leggono in P. Auster, *Trilogia di New York. Città di vetro. Fantasmi. La stanza chiusa*, traduzione di M. Bocchiola, Torino, Einaudi, 1996 [*The New York Trilogy: City of Glass, Ghosts, The Locked Room*, Los Angeles, Sun & Moon Press, 1986], pp. 47 e 51.

pp. 21-22
Cfr. Zagrebelsky, <http://www.astrid-online.it/static/upload/protected/ZAGR/ZAGREBELSKY_Biennale-Democrazia_23_04_09.pdf>, p. 24; Id., *Imparare democrazia*, p. 36.

p. 22
Cfr. T.S. Eliot, *La terra desolata. Quattro quartetti*, introduzione di C. Miłosz, traduzione e cura di A. Tonelli [...], Milano, Feltrinelli, 2004[5] [1995], pp. 158-161. "[...] And every phrase / And sentence that is right (where every word is at home, / Taking its place to support the others, / The word neither diffident nor ostentatious, / An easy commerce of the old and the new, / The common word exact without vulgarity, / The formal word precise but not pedantic, / The complete consort dancing together) [...]".

Le parole di Socrate a Critone si possono leggere in Platone, *Fedone* 115e (traduzione di G. Reale, in Platone, *Tutti gli scritti*, a cura di G. Reale, Milano, Rusconi, 1994[4] [1991], p. 120).

2. Fare le cose con le parole

p. 23
Il dialogo tra Humpty Dumpty e Alice è tratto da L. Carroll, *Le avventure di Alice nel Paese delle Meraviglie. Attraverso lo specchio*, traduzione e note di M. d'Amico, introduzione di P. Citati [...], Milano, Mondadori, 1978, p. 203.
Sulle interpretazioni di questo celebre passo di *Attraverso lo specchio*, cfr. almeno M. Hancher, *Humpty Dumpty and Verbal Meaning*, "The Journal of Aesthetics and Art Criticism" 40, 1981, pp. 49-58. Le parole della Regina Rossa si leggono – nello stesso romanzo – in Carroll, *Le avventure*, p. 237.

pp. 23-24
L'equivalenza tra parole e atti è enunciata in L. Wittgenstein, *Ricerche filosofiche*, a cura di M. Trinchero, Torino, Einaudi, 1967 [*Philosophische Untersuchungen*, Oxford, Blackwell, 1953], p. 193, n. 546.

Il libro di John L. Austin si intitola *Come fare cose con le parole*, a cura di C. Penco e M. Sbisà, traduzione di C. Villata, Genova, Marietti, 1987 [*How to Do Things with Words*, Oxford-New York, Oxford University Press, 1962,1975[2]].

p. 24
Il saggio di George Orwell, *Politics and the English Language*, fu pubblicato nel 1946 sulla rivista "Horizon" (13, pp. 252-265). Ne è ora disponibile la traduzione italiana (con testo inglese a fronte): G. Orwell, *La neolingua della politica*, a cura di M. Birattari, traduzione di M. Birattari – B. Bernardi, Milano, Garzanti, 2021.

pp. 24-25
Le parole sulle finalità e le caratteristiche della Neolingua si leggono in G. Orwell, *1984*, traduzione di G. Baldini [...], Milano,

Mondadori, 1973 [*Nineteen Eighty-Four,* London, Secker & Warburg, 1949], pp. 331-332, 339.

pp. 25-26
Sugli enunciati di tipo performativo cfr. Austin, *Come fare cose*, pp. 9-10.

p. 26
Per gli effetti creativi della comunicazione si veda P. Watzlawick, *La realtà della realtà. Comunicazione, disinformazione, confusione*, traduzione di J. Sanders, Roma, Astrolabio, 1976 [*How Real is Real? Confusion, Disinformation, Communication*, New York, Random House, 1976], p. 7.

pp. 26-27
L'esperimento è descritto e commentato in E.F. Loftus, *Eyewitness Testimony*, Cambridge, Harvard University Press, 1979.

pp. 27-28
Sulle parole usate come "cavallo di Troia di un disegno autoritario" si veda E. Golino, *Parola di Duce. Il linguaggio totalitario del fascismo e del nazismo: come si manipola una nazione*, Milano, BUR Rizzoli, 2010 [1994], p. 24. Sul linguaggio del fascismo si può consultare utilmente la voce (e la bibliografia in essa raccolta) di A. Raffaelli, *Fascismo, lingua del*, in *Enciclopedia dell'Italiano*, I, *A-L*, Roma, Istituto della Enciclopedia Italiana, 2010, pp. 459-461, liberamente accessibile all'indirizzo <https://www.treccani.it/enciclopedia/lingua-del-fascismo_%28Enciclopedia-dell%27Italiano%29/> [ultima consultazione 24 settembre 2021].

In generale, su regimi e linguaggi totalitari si veda inoltre almeno J.-P. Faye, *Introduzione ai linguaggi totalitari. Per una teoria del racconto*, traduzione di L. Muraro, Milano, Feltrinelli, 1975 [*Théorie du récit. Introduction aux langages totalitaires*, Paris, Hermann, 1972].

Sulla forza, l'efficacia e le conseguenze delle parole cfr. Q. Skinner, *Significato, atti linguistici e interpretazione*, in Id., *Dell'interpretazione*, Bologna, il Mulino, 2001, pp. 123-153. Si veda inoltre

J. Butler, *Parole che provocano. Per una politica del performativo*, Milano, Raffaello Cortina, 2010 [*Excitable Speech. A Politics of the Performative*, New York-London, Routledge, 1997].
Sul linguaggio dell'antisemitismo, sull'"archivio antiebraico" e sulle parole come fondamento di pratiche razziste e xenofobe cfr. S. Levis Sullam, *L'archivio antiebraico. Il linguaggio dell'antisemitismo moderno*, Roma-Bari, Laterza, 2008.

pp. 30-31
Per il titolo *Processi, vittoria di Berlusconi* cfr. "il Giornale", anno XXXVII, 48, 26 febbraio 2010, p. 1; le citazioni successive sono tratte dall'editoriale di V. Feltri, *ibid.*

pp. 31-32
Il testo della *Nobel Lecture* di Toni Morrison (7 dicembre 1993) si legge all'indirizzo web <https://www.nobelprize.org/prizes/literature/1993/morrison/lecture/> [ultima consultazione 24 settembre 2021]. La traduzione che si presenta in questo libro è nostra. Una traduzione italiana completa è offerta in *Tra scrittura e libertà. I discorsi dei Premi Nobel per la Letteratura*, a cura di D. Padoan, Milano, Editrice San Raffaele, 2010, pp. 185-194, e in *Per amore del mondo: i discorsi politici dei premi Nobel per la letteratura*, a cura di D. Padoan, Milano, Bompiani, 2018, pp. 359-369.

3. Lingua del dubbio e lingua del potere

pp. 33-36
Il titolo completo del saggio di Klemperer è: V. Klemperer, *LTI. La lingua del Terzo Reich. Taccuino di un filologo*, traduzione di P. Buscaglione Candela, prefazione di M. Ranchetti, nuova edizione riveduta e annotata, a cura di E. Fröhlich, Firenze, La Giuntina, 1998 [2020[8]; *LTI. Notizbuch eines Philologen*, Berlin, Aufbau Verlag, 1947; Leipzig, Reclam Verlag, 1975]. L'osservazione sul punto interrogativo ("l'interpunzione più importante. Che è la posizione più lontana dalla stolida sicurezza di sé dei nazisti") si legge a p. 98. Sull'edizione italiana del *Taccuino* si veda almeno E. Paradisi, *Elogio di un filologo*, "Quaderni del Laboratorio di Linguistica", n.s. 2, 2001, pp. 138-142. Per un commento sistematico al *Taccuino* si

rinvia anche a K. Fischer-Hupe, *Victor Klemperers "LTI. Notizbuch eines Philologen". Ein Kommentar*, Hildesheim-Zürich-New York, Olms, 2001.

Della vastissima mole di annotazioni di Klemperer – i *Diari* –, la cui estensione complessiva copre oltre mezzo secolo, è pubblicata anche la traduzione italiana della porzione relativa agli anni dell'ascesa del nazismo e della guerra: V. Klemperer, *Testimoniare fino all'ultimo. Diari 1933-1945*, a cura di W. Nowojski con la collaborazione di H. Klemperer. Edizione italiana a cura di A. Ruchat e P. Quadrelli, prefazione di C. Segre, Milano, Mondadori, 2000 [*Ich will Zeugnis ablegen bis zum letzten*, Berlin, Aufbau-Verlag, 1995]. Dalla prefazione di Cesare Segre (pp. XI-XVIII, particolarmente p. XI) sono ricavate anche le parole di Klemperer sul suo "modo di essere eroico".

Per una felice applicazione del metodo di Klemperer ai testi latini di età augustea, e per utili riflessioni sulla retorica della menzogna e dell'ambiguità, cfr. E. Pianezzola, *Libertas et speciosa nomina: la forza suggestiva delle formule politiche*, "Bollettino di Studi Latini" 27,1997, pp. 142-154, rist. con modifiche e aggiunte in Id., *Percorsi di studio. Dalla filologia alla storia*, Amsterdam, Hakkert, 2007, pp. 299-311. Nel saggio di Pianezzola sono illustrati con chiarezza vari degli esempi che si leggono in questo libro alle pp. 43-48 relativi alla storiografia e all'oratoria greco-romana, e molti altri vengono suggeriti e discussi.

p. 34
L'espressione "quel tanto di pedantesco che si annida in ogni filologo" figura in Klemperer, *LTI*, p. 31. Ivi, p. 26, si legge: "Ma quando per decenni, e con grande soddisfazione, si è esercitata una determinata professione, alla fine si resta segnati da questa più che da ogni altra cosa; perciò è stata la lingua del Terzo Reich, proprio in senso letterale e in senso filologico non metaforico, a cui io mi sono tenuto stretto e di cui ho fatto la mia asta per reggermi in equilibrio sulla desolazione delle dieci ore di lavoro in fabbrica, sull'orrore delle perquisizioni, degli arresti, dei maltrattamenti ecc. ecc.".

Le riflessioni sulla lingua delle ideologie "competitive" si leggono in G. Steiner, *Dopo Babele. Aspetti del linguaggio e della traduzione*, traduzione di R. Bianchi, C. Béguin, Milano, Garzanti, 2004 [*After Babel. Aspects of language and translation*, Oxford-New York, Oxford University Press, 1992[2]], p. 60.

pp. 34-35
Le due ampie citazioni sulla lingua del Terzo Reich e sulle modalità della propaganda nazista si leggono in Klemperer, *LTI*, pp. 33 e 32.

p. 36
Le osservazioni sulla povertà e la limitatezza della lingua nazista si leggono in Klemperer, *LTI*, pp. 37 e 41; il terzo capitolo dell'opera "Caratteristica fondamentale: povertà" occupa le pp. 37-42. Sull'indagine della lingua come strumento di autoconservazione cfr. ivi, p. 57. Sulla pervasività delle "frasi fatte" cfr. ivi, p. 45.

Le parole di Primo Levi sono tratte da P. Levi, *La tregua* [1963], in Id., *Opere*, a cura di M. Belpoliti, introduzione di D. Del Giudice, Torino, Einaudi, 1997, I, p. 282.

pp. 36-37
Sulla degradazione dell'italiano della politica negli ultimi trent'anni si vedano ora G. Antonelli, *Volgare eloquenza. Come le parole hanno paralizzato la politica*, Roma-Bari, Laterza, 2019[2] [2017], e almeno S. Ondelli, *Esempi recenti della retorica populista in Italia: da Forza Italia al MoVimento 5 Stelle*, in *L'italiano della politica e la politica per l'italiano*. Atti del XI Convegno ASLI – Associazione per la Storia della Lingua Italiana (Napoli, 20-22 novembre 2014). A cura di R. Librandi e R. Piro, Firenze, Cesati, 2016, pp. 333-347.

p. 37
Le osservazioni sulla ripetizione ossessiva come stilema tipico di una lingua totalitaria figurano in Klemperer, *LTI*, p. 51. "Lo stile obbligatorio per tutti era quello dell'imbonitore" è frase di Klemperer, *LTI*, p. 41.

4. *Il furto delle parole: democrazia e libertà*

p. 39
Un'utile rassegna di luoghi greci e latini in traduzione italiana – dal libro della *Genesi* fino a Marziano Capella – che permettono di ricostruire una storia del pensiero antico intorno alla parola è offerta nell'antologia che chiude il libro di D. Del Giudice – U. Eco – G. Ravasi, *Nel segno della parola*, a cura e con un saggio di I. Dionigi, Milano, BUR Rizzoli, 2005, pp. 67-123.

La traduzione di Tucidide, *La guerra del Peloponneso*, III 82, 4-5 è tratta da Tucidide, *La guerra del Peloponneso*, edizione con testo greco a fronte a cura di L. Canfora, Torino, Einaudi – Gallimard, 1996, p. 437; commento alle pp. 1300-1301.

La traduzione da Sallustio, *La congiura di Catilina*, 52, 11, è tratta da Caio Sallustio Crispo, *Opere*, a cura di P. Frassinetti e L. Di Salvo, Torino, Utet, 1991, p. 163. Si veda sul passo L. Canfora, *Vera vocabula rerum amisimus*, in *Continuità e trasformazioni fra Repubblica e Principato. Istituzioni, politica, società*, a cura di M. Pani, Bari, Edipuglia, 1991, pp. 103-108, poi in L. Canfora, *Studi di storia della storiografia romana*, Bari, Edipuglia, 1993, pp. 149-155.

p. 40
La traduzione italiana della *Nobel Lecture* di Czesław Miłosz, disponibile in inglese all'indirizzo web <https://www.nobelprize.org/prizes/literature/1980/milosz/lecture/> [ultima consultazione 24 settembre 2021], si legge in *Tra scrittura e libertà*, pp. 300-312: citazione a p. 305.

Sulle manipolazioni del concetto di democrazia si veda Canfora, *La democrazia*, particolarmente pp. 361-367.

Le parole di Giovanni Sartori si leggono in G. Sartori, *Democrazia e definizioni*, Bologna, il Mulino, 1972^4 [1957], pp. 10-11.

Sulla necessità di una riflessione storica intorno alle parole della politica si veda V. Foa – F. Montevecchi, *Le parole della politica*, Torino, Einaudi, 2008, p. 54: "Rispetto al linguaggio politico la conoscenza della vita della parola sembrerebbe ancora più necessaria poiché non esistono soluzioni prefissate, ma di volta in volta è necessario entrare nel merito dei problemi e ragionarci sopra per riuscire a verbalizzarli, dunque a risolverli".

Una visione d'insieme sull'evoluzione del linguaggio politico in Italia dal fascismo a oggi si deve a P. Desideri, s.v. *politica, linguaggio della*, in *Enciclopedia dell'Italiano*, II, 2011, pp. 1112-1115, cui si rinvia anche per l'utile bibliografia; S. Ondelli, *Political Discourse. A Perspective from Italian Linguistics*, "Comunicazione politica" 1, 2020, pp. 87-98 [doi: 10.3270/96425], con ulteriore bibliografia alle pp. 95-97.

"Sentire un profumo e fiutare il futuro in qualche parola" è, secondo E.S. Fitzgerald, "la differenza fra il professionista della scrittura e il dilettante": cfr. S. Ronchey, *Il guscio della tartaruga. Vite più che vere di persone illustri*, Roma, Nottetempo, 2009, p. 64; per la fonte cfr. il relativo regesto, all'indirizzo web <http://www.silviaronchey.it/materiali/pdf/regesto_igdt.pdf> [ultima consultazione 24 settembre 2021], p. 23.

p. 41
Le parole sulla libertà "non di tutti" sono tratte da Canfora, *La democrazia*, p. 365.

Sulla libertà come parola viscida cfr. N. Bobbio, *Destra e sinistra. Ragioni e significati di una distinzione politica*, Roma, Donzelli, 2004[4] [1994], p. 19; inoltre ivi, pp. 135-144.

Sull'ambiguità della parola *popolo* e sul relativo mutamento semantico a partire dalla nozione greca di *demos* fino alla moderna "società atomizzata, squilibrata, disordinata" cfr. Sartori, *Democrazia*, pp. 18-19.

Sugli abusi compiuti dai "ladri di parole" si veda l'intervista a G. Carofiglio in L. Milella, *Berlusconi è un ladro di parole indifferente alle macerie del Paese*, "la Repubblica", 13 marzo 2010, p. 11.

Sulle parole *libertà* e *legalità* nel mondo romano cfr. R. Syme, *La rivoluzione romana*, nuova edizione e introduzione di G. Traina, introduzione di A. Momigliano, traduzione di M. Manfredi, Torino, Einaudi, 2014 [1962; *The Roman Revolution*, Oxford, Clarendon Press, 1939], p. 64. Su *libertas* in particolare si veda ora L. Beltramini, *Il concetto di libertas a Roma*, in *Libertas. Tra religione, politica e saperi*, a cura di A. Caracausi, P. Molino, D. Solera, Roma-Padova, Donzelli-Padova University Press (collana Patavina Libertas. Una storia europea dell'Università di Padova [1222-2022]), in corso di pubblicazione.

Su libertà dei cittadini e libertà dei sudditi si veda M. Viroli, *La libertà dei servi*, Roma-Bari, Laterza, 2010 (la citazione è tratta da p. 13).

Sul rapporto fra libertà e rispetto delle leggi si fa riferimento a Platone, *Leggi*, 715 c-d; traduzione italiana di R. Radice (qui con qualche lieve modifica lessicale) in Platone, *Tutti gli scritti*, pp. 1534-1535.

pp. 41-42
La traduzione di Cicerone, *In difesa di Cluenzio*, 53, 146 è tratta da M. Tullio Cicerone, *Le orazioni*, II, *dal 69 al 59 a.C.*, a cura di G. Bellardi, Torino, Utet, 1981, p. 465.

p. 42
Per il testo latino e una puntuale traduzione italiana del passo tratto dall'*Epistola agli scelleratissimi fiorentini* ("l'obbedienza alle quali [*scil.* leggi], se lieta, se spontanea, non solo è dimostrato che non è schiavitù, ma a chi sagacemente consideri è chiaro che è la stessa suprema libertà") si veda Dante Alighieri, *Opere minori*, II, a cura di E. Chiappelli – E. Fenzi – A. Jacomuzzi – P. Gaia, Torino, Utet, 1986, pp. 394-395.

Sul populismo come fenomeno intrinseco alla democrazia e specchio della democrazia rappresentativa si veda ora N. Urbinati, *Io, il popolo. Come il populismo trasforma la democrazia*, Bologna, il Mulino, 2020. Sulla genesi e sull'evoluzione dell'antipolitica in Italia si veda G. Orsina, *La democrazia del narcisismo. Breve storia dell'antipolitica*, Venezia, Marsilio, 2018. Per un inquadramento del caso italiano in una più ampia prospettiva europea e mondiale si legga S. Levitsky – D. Ziblatt, *Come muoiono le democrazie*, Roma-Bari, Laterza, 2020 [*How Democracies Die*, Viking – Penguin Random House, 2018].

pp. 42, 44-45
Un'analisi del linguaggio e dei discorsi di Berlusconi si trova in S. Bolasco – L. Giuliano – N. Galli de' Paratesi, *Parole in libertà: un'analisi statistica e linguistica dei discorsi di Berlusconi*, Roma, Manifestolibri, 2006, p. 45 (con bibliografia alle pp. 141-142). Sulle occorrenze della parola "libertà", ivi, pp. 46-47. Sulla confusione tra "libertà" e "liberismo", ivi, p. 40, e Canfora, *Critica*, p. 30: "La destra afferma oggi il 'liberismo' come suo credo dominante (parola connessa al concetto di libertà, e dunque molto presentabile e molto attraente)".

pp. 42-43
Sull'inquinamento degli argomenti nel dibattito politico e civile si legga F. D'Agostini, *Verità avvelenata. Buoni e cattivi argomenti nel dibattito pubblico*, Torino, Bollati Boringhieri, 2010.

p. 44
Gli estratti sono ricavati da S. Berlusconi, *L'amore vince sempre sull'invidia e sull'odio*, Milano, Mondadori, 2010, pp. 14 e 23-24.

Sulle parole che "spargono germi totalitari" cfr. Zagrebelsky, *Imparare democrazia*, p. 12.

Su amore e odio come parole non politiche si veda F. Ceccarelli, *L'antica regola del pudore*, "la Repubblica", 25 marzo 2010, p. 43; fra i dizionari del lessico politico Ceccarelli rinvia, ad esempio, a G. Di Capua, *Le parole della politica*, Roma, EBE, 1973.

L'osservazione sul dubbio e la mediazione quali "figure essenziali della buona politica" si legge in U. Galimberti, *Quando vince l'irrazionale*, "la Repubblica", 25 marzo 2010, p. 43.

pp. 44-46
L'indagine statistica e quantitativa del linguaggio di Berlusconi è offerta in Bolasco – Giuliano – Galli de' Paratesi, *Parole in libertà*, dove, a p. 8, figura anche la relativa citazione. Sull'appello al patetismo, ivi, p. 70.

Sull'uso politico di parole elementari, vòlte a colpire l'istinto degli elettori, in luogo di argomentazioni e ragionamenti complessi, e per una rassegna di esempi si veda Antonelli, *Volgare eloquenza*, pp. 5-8 e *passim*.

p. 45
Le parole di Adriano Sofri si leggono in A. Sofri, *Amore e odio. Gli slogan sentimentali e il grado zero della politica*, "la Repubblica", 25 marzo 2010, p. 42.

p. 46
Sulla regressione del potere a logiche primitive cfr. Galimberti, *Quando vince l'irrazionale*.

Gli esempi sono tratti da P. Gomez – M. Travaglio, *"Coglioni, kapò e mentecatti", l'amore secondo B.*, "Il Fatto Quotidiano", 16 dicembre 2009. Molte altre utili attestazioni in M. Portanova, *Il Partito dell'Amore*, Milano, Chiarelettere, 2010.

pp. 46-47
Sui princìpi della comunicazione di Salvini, in particolare nel suo modellarsi sullo *Zeitgeist*, lo spirito del tempo, sulla retorica del buon senso e sulla sollecitazione costante dell'emotività del sostenitore/elettore, si veda *Fenomeno Salvini. Chi è, come comunica, perché lo votano*, a cura di G. Diamanti e L. Pregliasco, Roma, Castelvecchi, 2019. Su Renzi, uno sguardo d'insieme in C. Giunta, *Essere Matteo Renzi*, Bologna, il Mulino, 2015. Per un confronto del linguaggio politico di Grillo e di Renzi si veda *La lingua politica. Lessico e strutture argomentative*, a cura di R. Petrilli, Roma, Carocci, 2015. Un'ampia e illuminante visione d'insieme delle strutture e delle strategie linguistiche comuni alla propaganda e alla pubblicità in E. Lombardi Vallauri, *La lingua disonesta. Contenuti impliciti e strategie di persuasione*, Bologna, il Mulino, 2019.

pp. 49-50
Il passo del *Faust* si legge in J.W. Goethe, *Faust*, introduzione, traduzione con testo a fronte e note a cura di F. Fortini, Milano, Mondadori, 1994 [1970], pp. 94-95; commento ivi, p. 1067, nota ("Lutero ha tradotto con *Wort*, parola, *verbum*. Ma al termine latino e tedesco manca un elemento essenziale del *logos*, e cioè la sua concettualità. Faust passa quindi a *Sinn*, inteso come intelletto e pensiero. Ma anche questo non può soddisfarlo, perché viene a mancare la spinta creatrice che pur è nell'originale greco: e allora propone *Kraft*, che è forza ed energia. Ancora una volta Faust-Goethe avverte che *Kraft* sarebbe il principio creatore ma solo dalla parte del soggetto; e troppo esclusivamente potenziale. La conclusione è *die Tat*, l'azione, la prassi. Si ha qui uno dei termini che riassumono quello che si è convenuto chiamare il Faustismo; quel complesso atteggiamento che unisce attivismo e volontarismo e che nel secolo XIX, dall'impeto creativo della borghesia in ascesa, trapassa all'irrazionalismo estetizzante di quella avviata all'imperialismo").

p. 50
Le parole di Hitler ("Ich liebe Goethe nicht. Aber um des einen Wortes willen bin ich bereit ihm vieles nachzusehen: Im Anfang war die Tat!") sono commentate in A. Dabezies, *Visages de Faust au XXe siècle. Littérature, idéologie et mythe*, Paris, Presses universitaires de France, 1967, p. 288 n. 1. Esse si leggono in H. Rauschning, *Confidenze di Hitler*, [Padova], il Torchio, 1946, p. 210 [*Gespräche mit Hitler*, Zürich-New York, Europa Verlag, 1940^{4}]. Il libro dell'ex gerarca nazista Hermann Rauschning fu stampato in Italia clandestinamente, grazie a un'operazione editoriale coraggiosa e piena di fascino. Esso apparve nel 1944, senza indicazione del luogo di stampa, come settimo volume della "Collana della cospirazione": una sovraccoperta recante il titolo *Le avventure di Pinocchio* occultava il frontespizio. Alla pubblicazione collaborarono tre professori dell'Università di Padova: Paola Zancan (1907-1987), storica dell'antichità; suo fratello Lanfranco (1912-1987), farmacologo; Egidio Meneghetti (1892-1961), che fu maestro di

Lanfranco, fondatore del CLN veneto e rettore dell'Università di Padova dal 1945 al 1947.

pp. 51-52
Il testo della *Nobel Lecture* di Nadine Gordimer si legge in inglese all'indirizzo web <https://www.nobelprize.org/prizes/literature/1991/gordimer/lecture/> [ultima consultazione 24 settembre 2021]; traduzione italiana in *Tra scrittura e libertà*, pp. 213-225; citazione alle pp. 213-214.

p. 52
Per il valore del verbo greco *lego* si veda P. Chantraine, *Dictionnaire étymologique de la langue grecque. Histoire des mots*, Paris, Klincksieck, 1968, s.v. *lego*, pp. 625-626: "Le sens originel est 'rassembler, cueillir, choisir' (Hom.)" (p. 625). Dal valore di *elencare*, *enumerare* discende poi il successivo, più noto significato di *dire*, *raccontare*.

Sul significato di *logos* nella letteratura filosofica greca e nell'uso grammaticale si veda il *Dizionario dei concetti biblici del Nuovo Testamento*, a cura di L. Coenen – E. Beyreuther – H. Bietenhard, Bologna, EDB, 1980² [1976], s.v. *parola*, pp. 1168-1208, e particolarmente pp. 1170-1175 [s.v. *logos*, a cura di G. Fries].

Aristotele, *Politica*, 1253a7-18: "È chiaro quindi per quale ragione l'uomo è un essere socievole molto più di ogni ape e di ogni capo d'armento. Perché la natura, come diciamo, non fa niente senza scopo e l'uomo, solo tra gli animali, ha la parola: la voce indica quel che è doloroso e gioioso e pertanto l'hanno anche gli altri animali (e, in effetti, fin qui giunge la loro natura, di avere la sensazione di quanto è doloroso e gioioso, e di indicarselo a vicenda), ma la parola è fatta per esprimere ciò che è giovevole e ciò che è nocivo e, di conseguenza, il giusto e l'ingiusto: questo è, infatti, proprio dell'uomo rispetto agli altri animali, di avere, egli solo, la percezione del bene e del male, del giusto e dell'ingiusto e degli altri valori: il possesso comune di questi costituisce la famiglia e lo stato"; traduzione in Aristotele, *Politica*, a cura di R. Laurenti, Roma-Bari, Laterza, 1993, pp. 6-7.

p. 53
Il linguaggio della politica – e anche della cospirazione politica – era costituito di parole elementari, appartenenti al linguaggio comune, già nell'antichità classica: cfr. L. Canfora, *Lessico politico. Oratoria politica e giudiziaria in Atene*, "Quaderni di Storia" 8, 1978, pp. 295-305, in particolare p. 295. "Nonostante il loro logoramento, pensare di sbarazzarsi delle parole abusate, che sono quasi sempre grandi parole, auspicando magari nuovi linguaggi, diventa rinuncia all'impegno comune e incremento della vacuità linguistica": Foa – Montevecchi, *Le parole della politica*, p. 55.

Per le parole come "pistole cariche" cfr. J.-P. Sartre, *Qu'est-ce que la littérature?*, Paris, Gallimard, 1948, p. 31: "Il sait que les mots, comme dit Brice Parain, sont des 'pistolets chargés'".

Si segnalano qui, senza alcuna pretesa di esaustività, alcuni esempi, assai diversi fra loro per sistematicità e impianto, di lessici ragionati di parole-chiave: R. Williams, *Keywords. A Vocabulary of Culture and Society*, London, Fontana Press, 1983² (Williams indaga in particolare lo stratificarsi storico dei significati delle parole-chiave, sola prospettiva che può garantirne la consapevolezza: cfr. al riguardo Q. Skinner, *Linguaggio e mutamento sociale*, in Id., *Dell'interpretazione*, pp. 155-175); L. Boella, *Le parole-chiave della politica*, Mantova, Scuola di Cultura Contemporanea, 1993; T. Bennett – L. Grossberg – M. Morris, *New Keywords. A Revised Vocabulary of Culture and Society*, Oxford, Blackwell, 2005, trad. it. *Nuove parole chiave. Dizionario di cultura e società*, edizione italiana a cura di C. Pagetti – O. Palusci, traduzione di M. Vizzaccaro, Milano, il Saggiatore, 2008; Foa – Montevecchi, *Le parole della politica* (p. VIII: "per qualche tempo ho pensato che la politica fosse vuota perché vuote erano le sue parole"); S. Veca, *Dizionario minimo. Le parole della filosofia per una convivenza democratica*, Milano, Frassinelli, 2009 (parole: libertà; tirannia; solitudine; incompletezza; giustizia; democrazia; laicità; riformismo; tolleranza; rispetto; identità; speranza); G. Pasquino, *Le parole della politica*, Bologna, il Mulino, 2010² [2000]; *Gli ismi della politica, 52 voci per ascoltare il presente*, a cura di A. D'Orsi, Roma, Viella, 2010.

6. Vergogna

p. 55
Virgilio rimprovera a Dante di essersi fermato ad ascoltare l'alterco tra i falsari maestro Adamo e Sinone, causando la vergogna di Dante, nel XXX canto dell'*Inferno*, vv. 130-135.

Un'analisi delle occorrenze e dei valori della parola *shame* in Shakespeare in N.A. Cluck, *Shakespearean Studies in Shame*, "Shakespeare Quarterly" 36, 1985, pp. 141-151; cenni in W.L. Gundersheimer, *Renaissance Concepts of Shame and Pocaterra's Dialoghi Della Vergogna*, "Renaissance Quarterly" 47, 1994, pp. 34-56; E. Fernie, *Shame in Shakespeare*, London-New York, Routledge, 2002.

Sulla radice germanica *skam/skem* della parola *shame* e sul suo nesso con la radice indoeuropea *kam/kem* (che indica il gesto del coprire, del velare, del nascondere), una sintesi in M. Belpoliti, *Senza vergogna*, Parma, Guanda, 2010, p. 14, con bibliografia a p. 225.

Al saggio di Belpoliti si rinvia per un'ampia, documentata riflessione sul tema della vergogna, per una messa a punto sulla distinzione tra vergogna e senso di colpa e per la bibliografia finale. Si possono poi ricordare in particolare: G. Thrane, *Shame and the Construction of the Self*, "The Annual of Psychoanalysis" 7, 1979, pp. 321-341; P. Mollon, *Vergogna e gelosia: tumulti segreti*, Roma, Astrolabio, 2006. Sulla valenza performativa e politica della vergogna si veda Urbinati, *Pochi*, pp. 11-17.

pp. 55-56
Per i contrari di *vergogna* cfr. A. Gabrielli, *Dizionario dei sinonimi e dei contrari analogico e nomenclatore*, Milano, Istituto Editoriale Italiano, 1967, p. 845.

p. 56
Per *svergognatezza* cfr. S. Battaglia, *Grande Dizionario della Lingua Italiana*, XX, Torino, Utet, 2000, s.v. *svergognatezza*, pp. 614-615: "perdita assoluta di vergogna, di pudore, di ritegno nel compiere un'azione o in un comportamento" (p. 614).

Sul valore del prefisso *s-* si veda L. Serianni, *Grammatica italiana. Italiano comune e lingua letteraria. Suoni forme costrutti*, Torino, Utet, 1988, p. 555.

La definizione di *vergogna* come sentimento “di turbamento, di mortificazione” figura in S. Battaglia, *Grande Dizionario della Lingua Italiana*, XXI, Torino, Utet, 2002, s.v. *vergogna*, pp. 775-776 (citazione a p. 775).

Per il significato di *vereor* si veda A. Ernout – A. Meillet, *Dictionnaire étymologique de la langue latine. Histoire des mots*, Paris, Klincksieck, 1959^{4} [1932], s.v. *vereor*, p. 723: “éprouver une crainte religieuse ou respectueuse pour”.

Il rapporto fra *aidós* e *timé* è stato indagato da E.R. Dodds, *I Greci e l’irrazionale*, introduzione di M. Bettini, nuova edizione a cura di R. Di Donato, presentazione di A. Momigliano, Milano, Rizzoli, 2009 [*The Greeks and the Irrational*, Berkeley-Los Angeles, University of California Press, 1951; prima trad. it. Firenze, La Nuova Italia, 1959].

pp. 56-57
Sulla nozione di *aidós* si veda D.L. Cairns, *Aidós: the psychology and ethics of honour and shame in ancient Greek literature*, Oxford, Clarendon Press, 1993; e particolarmente pp. 13-14, n. 28 per il valore della vergogna nelle culture diverse da quella greca. Si può consultare agevolmente il contributo di G. Massimilla, *Aidós negli occhi e sul volto: riflessioni su due temi ricorrenti nella poesia greca*, “Incontri di filologia classica” 10, 2010-2011, pp. 233-254, <https://www.openstarts.units.it/handle/10077/6676> [ultima consultazione 24 settembre 2021].

p. 57
Sulle ragioni e sulle caratteristiche della vergogna e sulla vergogna come sentimento adulto cfr. C. Castelfranchi – I. Poggi, *Ingredienti per una macchina che si vergogna*, in *Imbarazzo, vergogna e altri affanni*, a cura di V. D’Urso, Milano, Raffaello Cortina, 1994, pp. 115-138, particolarmente pp. 119-123 e 131.

La definizione di vergogna come “inaudita, spaventosa prossimità dell’uomo con se stesso” si trova in G. Agamben, *Idea della prosa*, nuova edizione accresciuta, Macerata, Quodlibet, 2002 [rist. 2013, 2020], p. 68; cfr. Belpoliti, *Senza vergogna*, p. 100.

Su *vergognarsi* come verbo esclusivamente intransitivo cfr. F. Rigotti, *L’onore degli onesti*, Milano, Feltrinelli, 1998, pp. 40-41; a questo saggio (e in particolare alle pp. 40-48) si rinvia anche per una documentata riflessione sulla vergogna e sull’evoluzione del senso dell’onore dall’antichità all’età moderna.

p. 58
Sulla vergogna come “Cenerentola delle emozioni spiacevoli” si veda C. Rycroft, *Dizionario critico di psicoanalisi*, a cura di E. Gaddini, traduzione di P. Angarano, Roma, Astrolabio, 1970 [*A Critical Dictionary of Psychoanalysis*, London, Nelson and Sons, 1968], s.v. *vergogna*, pp. 197-198, particolarmente p. 197. La definizione della vergogna come “the ignored emotion” è in realtà diffusissima: si veda D. Goleman, *Shame Steps out of Hiding and Into Sharper Focus*, “The New York Times”, 15 settembre 1987 (edizione elettronica); anche A.M. Pandolfi, *La vergogna. Un affetto psichico che sta scomparendo?*, Milano, Franco Angeli, 2002, p. 7.

pp. 58-59
Sulla vergogna in Primo Levi si veda Belpoliti, *Senza vergogna*, pp. 80-97. Per una rassegna e un’analisi di testi letterari sulla vergogna cfr. M.W. Battacchi, *Vergogna e senso di colpa. In psicologia e nella letteratura*, Milano, Raffaello Cortina, 2002.

La descrizione dell’arrivo dei soldati russi nel Lager si legge in Levi, *La tregua*, in Id., *Opere*, I, p. 206. Questo passo è citato e commentato dallo stesso Levi in *I sommersi e i salvati* [1986], in Id., *Opere*, II, pp. 1046-1047.

Per la vergogna come sentimento al contempo individuale e sociale si veda A.A. Semi, *Paura, vergogna e colpa*, in D’Urso, *Imbarazzo*, pp. 139-156 (in particolare p. 141).

Le parole sul "mare di dolore" si leggono in Levi, *I sommersi*, in Id., *Opere*, II, pp. 1057-1058.

p. 59
La riflessione di Belpoliti sulla vergogna che "non c'è più" si legge in *Senza vergogna*, p. 27. Sulla "vergogna di vergognarsi" si veda ivi, p. 29.

Sulla vergogna come "ripugnante patologia dalla quale tenersi il più possibile lontani" ha scritto G. Carofiglio, *Il peccato di essere senza vergogna*, "la Repubblica", 28 luglio 2009, pp. I e II; a questo articolo si rinvia anche per le successive riflessioni sulla negazione o rimozione della vergogna.

L'aforisma "Il n'y a de honte qu'à n'en point avoir" si legge in B. Pascal, *Pensieri*, edizione con testo a fronte a cura di C. Carena, prefazione di G. Raboni, Torino, Einaudi, 2004, p. 547, nr. 683.

Sulla vergogna dinanzi all'Olocausto cfr. H. Arendt, *Colpa organizzata e responsabilità universale*, in *Archivio Arendt, I. 1930-1948*, a cura di S. Forti, introduzione di J. Kohn, traduzione di P. Costa, Milano, Feltrinelli, 2001 [*Essays in Understanding: 1930-1954*, New York, Harcourt Brace & Co., 1994], pp. 166-167; il saggio apparve per la prima volta con il titolo *German Guilt* nella rivista "Jewish Frontier" 12, 1945.

p. 60
Sulla vergogna come segnale si veda Semi, *Paura, vergogna e colpa*, pp. 154-156.

p. 61
Sulle parole scelte da Ginzburg per comprendere il nostro tempo cfr. F. Marcoaldi, *Carlo Ginzburg. Il vero, il falso e la vergogna, le parole per capire un Paese*, "la Repubblica", 28 ottobre 2009, p. 61.

p. 62
Sulla vergogna come forma di protezione si veda Ceccarelli, *L'antica regola del pudore*, p. 43.

Sul valore della vergogna nella popolazione dei Puels si veda Belpoliti, *Senza vergogna,* p. 109.

Aristotele afferma che "si prova vergogna" per le cose che "hanno rapporto con la legge" al termine dell'ampia trattazione sulla vergogna in *Retorica*, 1383b11-1385a15. Cfr. Aristotele, *Retorica e Poetica*, a cura di M. Zanatta, Torino, Utet, 2004, pp. 245-250 (citazione a p. 249).

Le parole "Ora parliamo della giustizia", ultime del quarto libro dell'*Etica Nicomachea*, concludono la trattazione sulla vergogna a 1128b10-35 (traduzione in Aristotele, *Etiche*, a cura di L. Caiani, introduzione di F. Adorno, Torino, Utet, 1996, p. 306). Il quinto libro è dedicato alla giustizia.

7. Giustizia

pp. 63-64
Il mito sulla generazione del mondo è conservato in Platone, *Protagora*, 319c-322d; esso è stato da ultimo rievocato da Belpoliti, *Senza vergogna*, pp. 101-103, appunto a proposito della vergogna. La traduzione qui citata, di G. Reale, si legge nella sua interezza in Platone, *Tutti gli scritti*, pp. 818-820.

p. 64
La citazione è tratta da G. Scerbanenco, *Venere privata*, Milano, Garzanti, 1966, p. 110.

pp. 65-66
Per la definizione di *lodo* si veda G. Devoto – G.C. Oli, *Il Devoto-Oli. Vocabolario della lingua italiana. 2011*, Firenze, Le Monnier, 2010, s.v. *lodo*, p. 1587.

p. 68
Tucidide, *La guerra del Peloponneso*, II 37, 1; la traduzione si legge in Tucidide, *La guerra*, pp. 229-231. Sull'epitafio come monumento "ad un'Atene che non c'è più" cfr. L. Canfora, *Tucidide e l'impero*, Roma-Bari, Laterza, 1992, p. 56. Per l'accostamento con il successivo passo euripideo cfr. Id., *Studi sull'"Athenaion Politeia"*

pseudosenofontea, "Memorie dell'Accademia delle Scienze di Torino. II, Classe di Scienze Morali, Storiche e Filologiche", s. V, 4, 1980, pp. 3-110, particolarmente pp. 38-39.

pp. 68-69
Euripide, *Supplici*, vv. 429-432; traduzione in Euripide, *Tragedie*, a cura di O. Musso, II, Torino, Utet, 1993, p. 165.

pp. 70-71
Si veda J. Rawls, *Una teoria della giustizia. Nuova edizione*, cura e revisione di S. Maffettone, traduzione di U. Santini, Milano, Feltrinelli, 2008 [*A Theory of Justice*, Cambridge, Mass., The Belknap Press of Harvard University Press, 1971]; le parole citate alle pagine seguenti si leggono ivi, p. 25.

pp. 71-72
Per la definizione di *psicoreato* cfr. Orwell, *1984*, p. 336.

p. 72
La riflessione sull'uguaglianza come criterio di differenziazione tra destra e sinistra e come valore proprio della sinistra si trova in Bobbio, *Destra e sinistra*, pp. 119-134. Le osservazioni di Alessandro Pizzorno si leggono in A. Gnoli, *Caro Bobbio, ecco dove sbagli*, "la Repubblica", 7 febbraio 1995, p. 26. Per una sintesi della questione e le considerazioni sulla polarità *inclusione/esclusione* si veda Canfora, *Critica*, p. 31.

p. 73
A. Sen, *L'idea di giustizia*, Milano, Mondadori, 2010.

M.C. Nussbaum, *Giustizia e aiuto materiale*, Bologna, il Mulino, 2008, p. 9.

8. Ribellione

p. 75
Le parole di Tocqueville, *La democrazia in America*, si possono leggere in A. de Tocqueville, *Scritti politici*, II, *La democrazia in America*, a cura di N. Matteucci, Torino, Utet, 1968, p. 745.

In M. Cortelazzo – P. Zolli, *DELI. Dizionario Etimologico della Lingua Italiana*, Bologna, Zanichelli, 1999[2], s.v. *ribellare*, pp. 1359-1360, si legge: "rendere ribelle contro l'autorità costituita, la legge". Per il significato di *ribellione* si veda S. Battaglia, *Grande Dizionario della Lingua Italiana*, XVI, Torino, Utet, 1992, s.v. *ribellione*, pp. 20-21: "Sollevazione di una persona, di un gruppo o di una collettività contro l'autorità costituita, espressa con il rifiuto di obbedienza, con la resistenza o con la lotta armata" (p. 20). Per i contrari di *ribellione* si veda la voce relativa in Gabrielli, *Dizionario*, p. 616: "sottomissione, obbedienza, docilità, rassegnazione, adattamento; repressione, assetto, riordinamento, smorzamento, soffocamento".

pp. 75-77
La *Risposta di don Lorenzo Milani ai cappellani militari toscani che hanno sottoscritto il comunicato dell'11-2-1965* si legge in *L'obbedienza non è più una virtù. Documenti del processo di don Milani*, Firenze, Libreria Editrice Fiorentina, [1965], pp. 9-20; citazioni alle pp. 13, 18. Le parole sulla scuola figurano nella *Lettera ai Giudici* (ivi, pp. 27-62), alle pp. 36-38; sull'articolo 11 della Costituzione a p. 40; sull'obbedienza a p. 51.

p. 77
Il testo di *Redemption Song* di Bob Marley (nell'album *Uprising*, 1980) recita: "Emancipate yourselves from mental slavery / None but ourselves can free our minds". Sul significato di *redemption* si veda la voce relativa in *Webster's Third New International Dictionary of the English Language Unabridged*, editor in chief P. Babcock Gove, Springfield, Merriam Webster, 1993, s.v. *redemption*, p. 1902.

pp. 77-78
Il capitolo "L'ultimo" si legge in P. Levi, *Se questo è un uomo* [1958], in Id., *Opere*, I, pp. 141-146; l'estratto qui riportato si legge alle pp. 145-146.

pp. 78-79
Sul lessico necessario di George Steiner e José Saramago cfr. F. Marcoaldi, *George Steiner: abbiamo dimenticato l'importanza di*

dire no, "la Repubblica", 5 novembre 2009, p. 43 (da cui è tratta la citazione sull'incapacità di dire no a p. 98); e Id., *José Saramago: al primo posto la "bontà", la virtù più disprezzata*, "la Repubblica", 19 novembre 2009, p. 47.

p. 79
La frase di Emily Dickinson citata da José Saramago figura in una lettera a Otis P. Lord (nr. 562) datata circa al 1878: "don't you know that 'No' is the wildest word we consign to Language?": *The Letters of Emily Dickinson*, edited by Thomas H. Johnson, Associate Editor Theodora Ward, Cambridge, Mass., The Belknap Press of Harvard University Press, 1958, II, p. 617.

Per una rapida rassegna delle molte possibili interpretazioni del *no* di Bartleby si veda H. Melville, *Bartleby*, cura e traduzione di G. Nori, Roma, Portaparole, s.d. [ma 2009], p. 28, n. 7. Sul *no* di Bartleby come pura potenza cfr. G. Agamben, *Bartleby o della contingenza*, in G. Deleuze – G. Agamben, *Bartleby. La formula della creazione*, Macerata, Quodlibet, 1998[2], pp. 43-85, particolarmente p. 60: "Come scriba che ha cessato di scrivere, egli [*scil.* Bartleby] è la figura estrema del nulla da cui procede ogni creazione e, insieme, la più implacabile rivendicazione di questo nulla come pura, assoluta potenza".

Le citazioni dal racconto di Melville sono attinte a H. Melville, *Bartleby, the Scrivener – Bartleby, lo scrivano*, a cura di R. Bernascone, traduzione di E. Giachino, Torino, Einaudi, 1994, pp. 25, 23.

Sul *no* come origine di ogni rivoluzione si veda Marcoaldi, *José Saramago*, p. 47 (da cui è tratta la citazione).

pp. 79-80
Sull'identificazione della ribellione con il *cogito* cfr. A. Camus, *L'uomo in rivolta*, traduzione di L. Magrini, prefazione di C. Rosso, cronologia di A. Ponti, Milano, Bompiani, 2009[6] [1957; *L'homme révolté*, Paris, Gallimard, 1951], pp. 26-27.

p. 80
I tre princìpi dell'"ideologia del ribelle" si leggono in M. Benasayag, *Contro il niente. ABC dell'impegno*, traduzione di G. Sarto-

rio, Milano, Feltrinelli, 2005 [*Abécédaire de l'engagement*, Paris, Bayard, 2004], s.v. *ribelle*, p. 152.

pp. 80-81
Sulla valenza politica della parola cfr. H. Arendt, *Vita activa. La condizione umana*, traduzione di S. Finzi, Milano, Bompiani, 2006[13] [1994; *The Human Condition*, Chicago, The University of Chicago, 1958], p. 20.

pp. 81-82
La trascrizione del discorso tenuto da Barack Obama in Iowa il 3 gennaio 2008 si può leggere in *Barack Obama's Caucus Speech*, "The New York Times", 3 gennaio 2008, <https://www.nytimes.com/2008/01/03/us/politics/03obama-transcript.html> [ultima consultazione 24 settembre 2021].

p. 82
Il mondo è cambiato: così titolava "la Repubblica" il 5 novembre 2008, p. 1.

9. Bellezza

p. 83
Le citazioni sulla ribellione e la bellezza sono ricavate da Camus, *L'uomo in rivolta*, rispettivamente pp. 17 e 302.

pp. 83-84
La citazione dai *Taccuini* si legge in A. Camus, *Taccuini* II. *Gennaio 1942-Marzo 1951*, traduzione di E. Capriolo, Milano, Bompiani, 2004[2] [1965: *Carnets,* II, *Janvier 1942-Mars 1951*, Paris, Gallimard, 1964], p. 155.

p. 84
Su bellezza e giustizia si rinvia allo studio di L. Zoja, *Giustizia e Bellezza*, Torino, Bollati Boringhieri, 2007 (citazione a p. 15).

Per i contrari di *bellezza* cfr. G. Pittano, *Sinonimi e contrari. Dizionario fraseologico delle parole equivalenti, analoghe e contrarie*, Bologna, Zanichelli, 2006[3], s.v. *bellezza*, p. 120.

pp. 84-85
Il film *L'attimo fuggente*, di Peter Weir, si data al 1989.

p. 85
La riflessione sul bello di Susan Sontag si legge in S. Sontag, *Ipotesi sulla bellezza*, in Ead., *Nello stesso tempo. Saggi di letteratura e politica*, a cura di P. Dilonardo e A. Jump, introduzione di D. Rieff, Milano, Mondadori, 2008 [*At the Same Time: essays and speeches*, New York, Farrar Straus Giroux, 2007], pp. 3-11, particolarmente p. 11. Sull'"interessante" come concetto consumistico, ivi, p. 8.

Sull'"estetica della rivolta" cfr. Camus, *Taccuini* II, p. 125.

Le parole di Márquez evocate da Nadine Gordimer sono tratte da un'intervista allo scrittore colombiano: esse sono citate nella *Nobel Lecture* e si leggono, in traduzione italiana, in *Tra scrittura e libertà*, p. 221. Ivi, n. 34, la Gordimer precisa: "I miei appunti non riportano il giornale o la data".

pp. 85-86
La citazione conclusiva è tratta da Sontag, *Nello stesso tempo*, p. 10.

10. Scelta

p. 87
Non sono presenti contrari del termine *scelta* in Gabrielli, *Dizionario*, s.v., p. 672. Tuttavia Pittano, *Sinonimi e contrari*, p. 835, ne indica come contrari: "confusione, mescolanza, miscuglio, raccogliticcio".

p. 88
Sulla facoltà di fare e mantenere promesse cfr. Arendt, *Vita activa*, p. 175.

p. 89
Sulle ultime parole di Giovanni Paolo II si veda, ad esempio, L. Accattoli, *L'ultima frase di Wojtyla: "lasciatemi andare"*, "Corriere della Sera", 18 settembre 2005, p. 15.

pp. 89-90
La poesia *Invictus* di W.E. Henley si può leggere in *The Oxford Book Of English Verse: 1250-1918*, chosen and edited by sir A. Quiller-Couch, New Edition, Oxford, Clarendon Press, 1939 [1900], pp. 1027-1028, nr. 853. La traduzione che qui si presenta è di G. Carofiglio.

p. 90
La citazione è tratta da Nussbaum, *Giustizia*, p. 69.

p. 91
A Catone sono dedicati i vv. 28-111 del canto I del *Purgatorio*. Sono qui citati i vv. 71-72.

pp. 91-92
L'episodio del sergente Steinlauf è raccontato in Levi, *Se questo è un uomo*, in Id., *Opere*, I, pp. 34-35.

pp. 92-94
Le parole di Antonio Gramsci si possono leggere in A. Gramsci, *La nostra città futura. Scritti torinesi (1911-1922)*, a cura di A. d'Orsi, Roma, Carocci, 2004, pp. 134-135.

p. 95
Blowin' in the Wind fu pubblicata nel 1963 nell'album *The Freewheelin' Bob Dylan*.

11. Popolo

pp. 98-99
Le parole di Umberto Eco si leggono in U. Eco, *Il fascismo eterno*, Milano, La nave di Teseo, 2018, p. 46. Il saggio costituisce la rielaborazione di una conferenza tenuta da Eco alla Columbia University il 25 aprile 1995: sulla sua storia editoriale si veda la *Nota dell'autore*, alle pp. 7-8 dell'edizione del 2018.

pp. 99-100
Il lavoro di Jan-Werner Müller, apparso nel 2016 (*What Is Populism?*, Philadelphia, University of Pennsylvania Press, 2016),

è disponibile in traduzione italiana (con una nota introduttiva di Nadia Urbinati dal titolo *Un termine abusato, un fenomeno controverso*): J.-W. Müller, *Cos'è il populismo?*, con un intervento di N. Urbinati, traduzione di E. Zuffada, Milano, Università Bocconi Editore, 2017.

p. 100
La citazione da Salvini è commentata da S. Ondelli, *Salvini contro tutti: "Preferisco i populisti ai fessi"*, 2017, che la inscrive efficacemente all'interno dell'"arsenale disfemistico" del leghista. Il contributo di Stefano Ondelli si può consultare agevolmente e con profitto all'indirizzo <https://www.treccani.it/magazine/lingua_italiana/speciali/politici/Ondelli.html> [ultima consultazione 3 ottobre 2021].

Sempre Ondelli ha ricordato, e analiticamente commentato, le parole qui citate di Beppe Grillo: S. Ondelli, *Populismo e parolacce nella comunicazione politica: Beppe Grillo*, 2014, consultabile all'indirizzo <https://www.treccani.it/magazine/lingua_italiana/speciali/leader/Ondelli.html> [ultima consultazione 3 ottobre 2021]. Per una sintesi e la bibliografia sull'uso politico del corpo nelle forme di populismo in generale e nel caso di Grillo in particolare, e sull'insistenza di quest'ultimo nell'evocare e descrivere sensazioni, percezioni ed esperienze fisiche, proprie e degli avversari, si veda G. Parotto, *Usi del corpo nel linguaggio di Grillo*, "Comunicazione politica" 3, 2018, pp. 413-432.

p. 101
Sulle nazioni come comunità immaginate si fa qui riferimento a B. Anderson, *Comunità immaginate. Origini e fortuna dei nazionalismi*, traduzione di M. Vignale, Roma-Bari, Laterza, 2018.

Ha conosciuto larga diffusione il brillante saggio dello storico Y.N. Harari, *Sapiens. Da animali a dèi. Breve storia dell'umanità*, traduzione dall'inglese di G. Bernardi, Firenze-Milano, Giunti-Bompiani, 2017, cui si fa riferimento in queste pagine.

p. 102
Sull'"immaginazione narrativa", si dà conto qui brevemente di alcune delle riflessioni sviluppate da M.C. Nussbaum, *Coltivare l'umanità. I classici, il multiculturalismo, l'educazione contemporanea*, a cura di G. Zanetti, traduzione di S. Paderni, Roma, Carocci, 1999 [nuova ed. 2006], pp. 99-123.

Il lavoro di F. Jullien che qui si menziona è *L'identità culturale non esiste*, traduzione di C. Bongiovanni, Torino, Einaudi, 2018.

p. 103
La prima traduzione italiana del saggio *On Liberty* di John Stuart Mill, dato alle stampe nel 1859, si deve a Piero Gobetti: G.S. Mill, con prefazione di Luigi Einaudi, Torino, Piero Gobetti Editore, 1925. Si può ora consultare: J.S. Mill, *Saggio sulla libertà*, prefazione di G. Giorello e M. Mondadori, traduzione di S. Magistretti, Milano, il Saggiatore, 2014.

Sui *dissoi logoi* si deve consultare ora, per l'ampia introduzione e per il testo critico, l'edizione procurata da S. Maso, *Dissoi logoi*. Edizione criticamente rivista, introduzione, traduzione, commento, Roma, Edizioni di Storia e Letteratura, 2018.

p. 104
Per le considerazioni su *munus* e *communis* si deve rinviare almeno al lavoro, classico ma ancora prezioso, di É. Benveniste, *Don et échange dans le vocabulaire indo-européen*, "Année Sociologique", I, 1923-1924, pp. 7-20. Sul concetto di "comunità", ricche riflessioni si devono a R. Esposito, *Communitas. Origine e destino della comunità*, nuova edizione ampliata, Torino, Einaudi, 2006 [prima ed. 1998].

pp. 104-105
Il passo qui citato del saggio di Michael Sandel si legge in M.J. Sandel, *La tirannia del merito. Perché viviamo in una società di vincitori e di perdenti*, traduzione di C. Del Bò e E. Marchiafava, Milano, Feltrinelli, 2021, p. 213.

p. 105
Sul concetto di *frattale* resta classico ed essenziale il rinvio a B.B. Mandelbrot, *Les objets fractals: forme, hasard et dimension*, Paris, Flammarion, 19862 [1975]; si può leggere nell'edizione italiana a cura di R. Pignoni, *Gli oggetti frattali. Forma, caso e dimensione*, Torino, Einaudi, 2000 [1987]. Si veda inoltre H.O. Peitgen – P.H. Richter, *La bellezza dei frattali. Immagini di sistemi dinamici complessi*, traduzione di U. Sampieri, Torino, Bollati Boringhieri, 1987.

Indice